「感じのいい」

ビジネス
メール

サクッと書ける大全

山口拓朗 著

JN104774

永岡書店

はじめに

・相手に失礼なメールを書いてしまっている気がする。
・敬意や礼儀をどう表現していいかわからない。
・自分の言いたいことをうまく伝えられない。
・どうしても「冷たい文面」になってしまう。
・メールの相手を誤解させてしまうことがよくある。

　あなたも似たようなことで悩んでいるのではないでしょうか？ でもご安心ください。この本はそんなあなたのために書かれました。

　この本は、あなたのことを「メール作成ベタ」から「メール作成の達人」へ導く一冊です。誤解を避けつつ相手と情報や気持ちをやり取りし、信頼関係を築き上げることができるようになります。

　<u>仕事がデキる人のメールに共通するポイントは「感じのよさ」です</u>。そもそも、文章でのコミュニケーションには、多くの落とし穴があります。

・誤解が生じやすい（その場で即座に訂正やフォローができないため）
・相手の感情やニーズを見落としがち（実際に相手が目の前にいないため）
・冷たく感じられがち（表情や声のトーンが伝わらないため）

　情報や感情をリアルタイムで交換できる対面でのコミュニ

ケーションと異なり、メールは目の前に相手がいない「想像のコミュニケーション」です。それゆえ、簡単に落とし穴にハマってしまうのです。

こうした落とし穴を避ける鍵は「感じのよさ」にあります。相手に「感じがいい」と思ってもらえるメールを書くことで、誤解や感情的なズレを避け、相手との心のつながりを深めながら、円滑なコミュニケーションができるようになります。

本書では、報告・連絡・相談だけでなく、依頼、催促、お誘い、断り、お礼、お詫び……など、仕事の場面ごとのメール例文を100個以上掲載しています。さらに感じのいいメールに必要な「クッション言葉」や「気づかいフレーズ」も多数紹介しています。書き方に迷ったとき、この本のページを開くだけで、求めているメール文面がきっと見つかります。

感じのいいメールが書けるようになると、コミュニケーションのムダが減り、仕事の効率と生産性が大幅に向上します。そして何より、あなた自身の信頼が高まり、「この人となら仕事を進めたい」「この人に任せれば安心」との評価を得やすくなります。今の時代、どんな職種であれ、メールを書くことは仕事の重要な一部です。このスキルを磨くかどうかで、あなたの仕事の成果も大きく変わるでしょう。

「感じのいいメール」を書く秘訣は、本書にすべて載っています。あなたのメール作成の相棒としてご活用ください。

山口拓朗

3

Contents

Prologue **感じのいいメールの基本の「き」**

Chapter 1 **感じのいいメールの
作成・返信の基本**

Chapter 2　感じのいいメールの「書き出し」と「結び」

Chapter **3**	**そのまま使える！ シチュエーション別メール例文**

<table>
<tr><td>Chapter
4</td><td>正しい「敬語」と「日本語」を
意識する</td></tr>
</table>

本書の構成と使い方

Prologue ▶ **感じのいいメールの基本の「き」**

「感じのいいメール」を書くための基本中の基本を解説。たった7つのルールを押さえるだけで、感じのいいメールを書くコツがつかめます。

Chapter 1 ▶ **感じのいいメールの作成・返信の基本**

豊富な例文を交えて「感じのいいメール」を書くための基本ルールやマナーを解説。メールを書く際に必要な知識が手に取るようにわかります。

Chapter 2 ▶ **感じのいいメールの「書き出し」と「結び」**

メールの「書き出し」と「結び」の基礎知識とフレーズを紹介。「はじめ」と「終わり」に配慮できれば、大きな失敗をすることはありません。

Chapter 3 ▶ **そのまま使える！
シチュエーション別メール例文**

本書の肝となるシチュエーション別のメール例文集です。

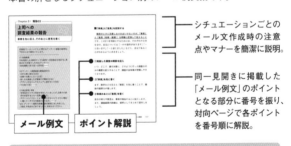

メール例文　**ポイント解説**

― シチュエーションごとの
メール文作成時の注意
点やマナーを簡潔に説明。

― 同一見開きに掲載した
「メール例文」のポイント
となる部分に番号を振り、
対向ページで各ポイント
を番号順に解説。

Chapter 4 ▶ **正しい「敬語」と「日本語」を意識する**

「感じのいいメール」の基本である〝正しい敬語と日本語〟の基礎知識をわかりやすく解説します。

感じのいいメールの基本の「き」

「感じのいいメール」を書くためには、自分のことよりも相手、つまり読み手のことを一番に考える必要があります。読みやすくて、わかりやすくて、簡潔な、"自分が受け取りたいメール"を意識して、文章を書きましょう

「感じのいいメール」とは何か？

「感じのいいメール」を書くための基本

■「自分本位」ではなく「相手本位」で考える

あなたは、仕事上でどんなメールを受け取ると「感じがいい」と思いますか？

そう聞かれて、すぐに答えられる人は少ないかもしれません。

それでは反対に、あなたは、どんなメールを受け取ると「感じが悪い」と思うでしょうか？

すると、「長すぎるメール」「内容がわかりにくいメール」「ぶっきらぼうな（丁寧さが感じられない）メール」「日本語の間違いが多いメール」など、すぐに具体的な例が思い浮かぶ人が多いと思います。

そうです。相手に「感じのいいメール」と思ってもらうためには、まずは「自分がどんなメールを受け取ったら嫌か」を考え、それを避けなくてはいけません。加えて、「感じのいいメール」を書くためには、「自分本位」ではなく、常に「相手本位」で考える必要があります。「どう書けば相手に伝わる（わかりやすい）か」「どうすれば読みやすいか」「どうしたら相手の手間を省けるか」

といったことを常に意識し、実行することによってメールのやり取りはスムーズになり、周囲から好意や信頼を得る機会も増えていきます。そうなれば当然、仕事の成果も上げやすくなります。

■ メールの「ルールやマナー」は意外と簡単

もっとも、「相手本位」ができてさえいればいいというわけでもありません。ビジネスメールには、ルールやマナー、正しい日本語を使うことなども求められるからです。しかし、心配する必要はありません。<u>メールのルールやマナーを覚えること自体は「意外と簡単」</u>です。迷ったり、わからなかったりしたらすぐに調べて確認する。その繰り返しの中で、自然と身についていきます。

一方で、正しい日本語や文章力を身につけることは、「文章を書くのが苦手」という人にとっては、なかなかハードルの高い課題かもしれません。

そこで、本書のChapter 3では、なるべく多くのシチュエーションに対応した「メール例文」を掲載しています。メールをどう書けばいいか迷ったら、そのときどきに、自分が置かれている状況に合ったシチュエーションの例文を参考にしてください。それらを土台にすることでメール文の作成時間を削減できるだけでなく、「感じのいいメール」の書き方も自然と学んでいくことができます。

■ まずは7つのルールを意識しよう

　パソコンが普及し、リモートワークも当たり前になりつつある現在のビジネスシーンでは、メールでのやり取りから逃れることはできません。しかし、裏を返せば、「感じのいいメール」を作成するスキルさえ身につけられれば、それは、<u>あなたにとって大きな武器になる</u>ということです。

　もし、あなたが「メール文の作成が苦手」と感じているのであれば、まずは以下の「7つのルール」を意識しましょう。この「7つのルール」を実践することによって、メールによるコミュニケーションを「あなたの武器」にすることができます。

「感じのいいメール」の7つのルール

❶シンプルに短く伝える　　**❺相手に選択肢を示す**

❷結論を先に伝える　　　　**❻感情的にならない**

❸箇条書きを意識する　　　**❼1日以内に返信する**

❹レイアウトを意識する

Point 01 シンプルに 短く伝える

■長い文章は読み手にとってストレス

「自分の考えていることを細かく、正確に伝えたい」と思って、長いメール文を書く人がたまにいます。しかし、そういうメールを書く人は、「これだけ細かく伝えたのだから、相手は理解してくれるはず」という自分本位の考えに陥っています。「相手本位」で考えるのであれば、メール文はなるべくシンプルに短くして、読み手の負担を減らすべきです。

長いメール文を相手に送って「読んですべてを理解して」というのは自分本位の考え方。文章が長くなってしまったら、削れるところがないか見直しましょう

← 48ページで詳しく解説

結論を先に伝える

■ まずは結論、理由や経緯はあと

　メール文の最初に、理由や経緯の長い説明が続くと、読んでいる人は「要するに何が言いたいの？」とイライラしてしまいます。一方、結論を最初に書けば、「要点は何か？」がすぐに目に入るため、短時間で理解してもらえます。メールを送る相手は「全員が忙しい」という前提に立って、読み手の時間を奪うような〝もったいぶった書き方〟は避けましょう。

メールの受信者がまず知りたいのは「結論」や「結果」であり、その「理由」ではありません。まずは結論を伝えて、そのあとに理由を書くようにしましょう

← 45ページで詳しく解説

感じのいい
＼ メール ／

Point
03

箇条書きを
意識する

■ **箇条書きでポイントを明確にする**

　相手に複数の情報を伝えたいとき、それらの情報を1つの文章の中に書き連ねると要点がわかりにくくなってしまいます。そんなときは、<u>「箇条書き」を用いることで全体が短くまとまり、ポイントも明確になります。</u>また、箇条書きにすることで「文章化」する手間が省けるので、書き手（送信者）にとっても時短効果というメリットがあります。

> 「箇条書き」は相手が読みやすくなるだけでなく、要点も明確になるため返信もしやすくなります。複数の情報を伝えるときは常に箇条書きを意識しましょう

➡ **40ページで詳しく解説**

読みやすい
レイアウトを
意識する

■身だしなみ同様に、文章も見た目が大切

　ビジネスパーソンにとっての身だしなみと同様、メール文も〝見た目〟が大切です。せっかく過不足なく情報がまとめられていたとしても、<u>文章の見た目で「読みにくそう」と思われてしまったら台なし</u>です。「1行35文字以内に抑える」「空白の行をつくる」などレイアウトを工夫することで、メールは格段に読みやすくなり、誤解や誤読も防ぎやすくなります。

改行もなくびっしりと書き込まれたメール文は、受け手に「<u>読むのが面倒くさそう</u>」「<u>要点がわからない</u>」といった印象を与えてしまいます

← 52ページで詳しく解説

感じのいい
＼ メール ／

Point 05
相手に選択肢を示す

■ "相手の負担" を減らすための提案を

「感じのいいメール」の基本の1つが、「相手の負担を軽くする」こと。たとえば、打ち合わせの日時を決める際に「いつにしましょうか？」と相手に丸投げしてしまうと、考える、決めるといった相手側の負担が増えてしまいます。そんなときは、送り手のほうからあらかじめ複数の候補日をあげておくことで、相手の負担を減らすことができます。

メールが比較検討できる内容になっていれば、相手は判断しやすくなります。選択肢は多すぎても選びにくくなるので、3〜5つを目安にしましょう。

← 152、211ページで詳しく解説

感情的に
ならない

■頭に血が上ったらメールは控える

メール文を書いているときには、相手の表情や反応が見えません。そのため、一度頭に血が上ってしまうと、自分の感情を抑えることが難しくなります。社内外を問わず、誰かに「ひと言もの申したい」という場面でのメールはオススメしません。感情的になってしまいそうなときは、対面、電話、オンライン会議など、相手の反応がわかるツールで伝えましょう。

とくに夜遅く、感情がおもむくまま書いたメール文は一方的な内容になりがちなので要注意。一度パソコンの前を離れて、冷静になってから送信しましょう

← 208ページで詳しく解説

Point 07 1日以内に返信する

■ 早い返信が信頼と好感度につながる

　プライベートであれば、相手への返信が数日遅れたとしても、許してもらえるかもしれません。しかし、ビジネスメールの場合は、そうはいきません。基本的には、遅くとも24時間以内に返信するように心がけるべきです。また、すぐに明確な返事ができない場合には、なるべく早めに、その理由と「明確な返信をする期日」を相手に伝えましょう。

常に早い返信を心がけることで、「仕事が早い人＝仕事ができる人」という印象をもたれやすくなり、同時に、まわりからの好感度や信頼度もアップします

➡ 64ページで詳しく解説

相手を不快にさせない言いまわしを身につける

　そもそも「感じのいいメール」の書き方を身につける以前に、相手を不快にさせない言葉づかいや言いまわしを身につけることのほうが先決です。ビジネスメールで「話し言葉」や「軽々しい言葉」を多用していると、「失礼な人」「なれなれしい」などと思われても仕方ありません。しっかりと「書き言葉」を身につけましょう。

※以下、（　）内の語は省略可、［　］内の語は言い換え例です。

「話し言葉」は「書き言葉」に直す（例）

✕すいません　→　〇申し訳ありません［申し訳ございません］

✕ちょっと待ってください　→　〇少々［少し］お待ちください

✕たぶんイケます　→　〇おそらく可能です

✕やっぱりそうみたいです　→　〇やはりそのようです

✕全然大丈夫です　→　〇まったく問題ございません

✕営業をしてます
　→　〇営業に携わっています［営業職に従事しています］

✕いろんなやり方があります
　→　〇いろいろ［さまざま］な手法があります

✕いっぱい考えたんですが～
　→　〇いろいろ考慮した［熟考しました］結果～

✕それなら知ってます　→　〇それでしたら存じています

Chapter 1

感じのいいメールの
作成・返信の基本

「感じのいいメール」を作成するためには、まずは基本的なルールやマナーを覚える必要があります。とはいえ、難しく考える必要はありません。少しずつ実践を積み重ねることで、ルールやマナーは確実に身につきます

メールの基本構成

「基本の型」を覚えることからはじめよう

■「基本の型」で安心感や信頼感を与える

メールには「基本の型」があります。もちろん、必ず "型どおり" である必要はありませんが、少なくともはじめて連絡する相手や、まだ関係性ができあがっていない相手に対しては、基本の型に従って書いたほうがいいでしょう。そのほうが相手に安心感や信頼感を与えられるうえ、あなた自身も「型どおり」に書けばいいだけなので、考える負担を減らせます。

メールの「基本の型」

件名:「クールソックス」POPデザイン修正の件——①

株式会社ZZデザイン
森様——②

いつもお世話になっております。——③
株式会社UDONの太田です。——④

ご担当いただいております「クールソックス」POPの
デザインについて、ご相談です。――⑤

A社より添付の修正依頼がありました。
可能でしたら、明日15時までに修正データを
お送りいただきたく存じます。――⑥

ご多忙のところ恐れ入りますが、
ご検討いただけますと幸いです。
引き続き、よろしくお願いいたします。――⑦

＝＝＝＝＝＝＝＝＝＝＝＝＝＝＝＝＝
株式会社UDON
プロモーション事業部
太田牛三(Ushizo Ota)

〒107-□□□□
東京都港区青坂□-□-□ PNKビル5F
TEL 00-0000-0000
FAX 00-0000-0011
E-mail:ota@udoudoudon.co.jp
http://www.udoudoudon.co.jp/――⑧

①件名

メールの件名は「わかりやすく簡潔に」を心がけます。
件名に具体的なワードを入れておくと、あとで内容を再
確認する際などに検索しやすくなります（※「件名」の
詳細は42ページ参照）。

②宛名

関係性ができあがっている相手であれば「会社名＋苗字」「苗字だけ」など簡略化してもOKです。はじめてメールする相手や、まだ関係性ができあがっていない相手に対しては、「会社名＋所属部署＋役職＋氏名」を書くようにしましょう。

③書き出し（あいさつ）

メールの場合は手紙と異なり、原則として「時候のあいさつ」は不要です。その代わり、文面の書き出しには「いつもお世話になっております」などの短いあいさつ文を入れましょう（※「書き出し」の詳細は93〜101ページ参照）。

④自己紹介

自己紹介は、頻繁にやり取りしている相手に対しては省略可。入れる場合、基本は「会社名＋氏名」ですが、規模が大きい会社の場合は部署名も入れましょう。また、相手が自分のことを知らないと思われる場合には、「株式会社○○の○○と申します。○○の営業を担当しております」などと具体的に書き、相手に「この人は誰？」と思われないようにしましょう。「送信者が誰なのか」がすぐにわからないメールは、読まれない可能性が高くなります。

⑤前置き

本文に入る前に、メールの目的や理由を簡潔に伝えます。前置きをすることで、その先の本文が頭に入りやすくなります。

⑥本文（用件）

メールの本題に当たる部分です。「わかりやすく」「具体的に」「簡潔に」という3つのポイントを意識しましょう。また、文章構成は5W2Hを意識すると、相手に伝わりやすくなります（※「5W2H」の詳細は80〜81ページ参照）。

⑦結び

最後は「よろしくお願いいたします」などのあいさつで結びます（※「結び」の詳細は102〜111ページ参照）。

⑧署名

メールの最後には署名を入れます（※「署名」の詳細は56〜57ページ参照）。

この「基本の型」は「マナー」と言い換えることもできます。マナーを知らなければ、「非常識」と思われても仕方ありません……

「送信者名」の設定

相手にとってわかりにくい送信者名はNG

■「氏名」と「会社(組織)名」を明記する

　メールを受信すると、受信ボックスにメールの送信者名が表示されます。この「送信者名」の表示が、英語やイニシャル、ニックネームといったわかりにくいものだと、受信者がスパムメールなどと勘違いしてしまう場合があります。

　企業の社員など組織の一員としてメールを使う場合は、送信者名は「太田牛三（株式会社UDON）」や「株式会社UDON（太田牛三）」という具合に、「氏名＋会社名」か「会社名＋氏名」にしておきましょう。

NG　　相手にとってわかりにくい「送信者名」

太田　←苗字だけ
牛三　←名前だけ
ota@udoudoudon.co.jp　←メールアドレス
Ushizo Ota　←ローマ字表記
Ushi chan　←ニックネーム(＆ローマ字表記)

相手にとってわかりやすい「送信者名」

太田牛三
太田牛三（株式会社UDON）

> 個人であればフルネーム（氏名）、会社員であれば「氏名＋会社名」または「会社名＋氏名」に

■送信者名が変えられなければ件名に追記

受信ボックスに表示される自分の「送信者名」を知りたい場合は、自分で自分にメールを送ることで、すぐに確認できます。

会社側で設定していて勝手に「送信者名」を変えられない場合、あるいは海外とのやり取りがメインなのでローマ字表記に固定しておきたいといった場合には、メール送信時に記入する件名に、以下のような形で「送信者名＋会社名」を追記しましょう。

「件名」に不足情報を追記する

件名：完成披露パーティーへのご案内（太田牛三・株式会社UDON）

> 「どこ」の「誰」からのメールなのかがひと目でわかれば、受信者は安心してメールを開けるうえ、「読んでおかないと」という気持ちになります

「To」「Cc」「Bcc」の使い分け

メールの「宛先」を適切に使い分けよう

■3種類の宛先のルールと使い分け

メールアドレスの入力欄（宛先）には「To」「Cc」「Bcc」の3種類があり、それぞれに役割が異なります。

以下のルールは厳密なものではありませんが、多くの人が共有していることなので、相手から「この人わかってない」と思われないよう、適切に使い分けるようにしましょう。

To（宛先）

「To（宛先）」は、本来（メイン）のメール受信者のアドレスを入力する欄です。ここに複数のアドレスを入力すると、入力した人全員にメールが送られます。複数のアドレスを直接入力する場合には、1人目のアドレスを入力したあとに半角のセミコロン（；）またはカンマ（，）を入力し、そのあとに2人目のメールアドレスを入力します（アドレス帳から選ぶ場合は、セミコロンの入力は不要）。CcやBccで複数の宛先に送信する場合も、入力方法は同じです。

複数のアドレスは半角セミコロン「;」でつなぐ

宛先:ota@udoudoudon.co.jp;okubo@misonikomi.co.jp;
oda@udoudoudon.co.jp

半角セミコロン

なお、宛先のアドレスを登録するときは、登録した名称で相手側に表示される場合があります。呼び捨てや愛称などではなく、実名に「様」などの敬称をつけて登録しましょう

　電子メールには、メールアドレスの先頭部分の文字を入力するだけで送り先アドレスを自動的に表示するオートコンプリートという機能があります。この機能は便利な反面、アドレスの先頭部分の文字が同じ〝別の人のアドレス〟が自動的に表示されてしまい、それに気づかないまま誤送信してしまうケースも珍しくないようです（とくに、本来の送信先の人と〝同じ名字の別の人〟に対する誤送信が発生しがちなので要注意！）。

Cc（Carbon Copy）

　Ccは「メールの複写」という意味で、「本来（メイン）の受信者宛のメールを複写して送る」場合に使います。たとえば、本来は「社内のAさんに伝えたい情報」を、

確認や情報共有のために「上司やプロジェクトにかかわるほかのメンバーにも念のため伝えておく」といった場面で使用します。Ccに入れたアドレスは送信先全員に公開されるため、社内限定のやり取りでない場合、事前にアドレスが共有されていない人をCcに加えるのはマナー違反です。

Ccの宛先が少人数の場合は、Toの人物の宛名の下に、(Cc:○○様、○○様)などと宛名を追記しておくと、メールの共有者がわかりやすくなり親切です

Bcc（Blind Carbon Copy）

　Bccは「見えない複写」という意味で、Bccに入力されたメールアドレスは、To（宛先）やCcの受信者には表示されません。そのため、Bccはメール相手にほかの受信者がいることを伏せたいときや、ほかの受信者のアドレスを知らせたくないときに使います。たとえば、「退職のあいさつ」など、社外も含めた不特定多数の人たちにメールを送信する際などに使われるケースが多いです。

「Bcc」を使って一斉送信する場合には、<u>宛先に自分のメールアドレスを入れて、あとの全員のアドレスを「Bcc」に入力</u>すれば、自分以外のアドレスは誰にも見えない状態で大勢に情報を伝えられます。

ただしBccを使うと、Bccに入力したつもりがCcに入れてしまって情報漏洩を招いたり、Bccの人がToやCcの人に返信して「トラブルの元」になったりすることも珍しくありません。Bccを使う場合は「念には念を入れてチェックする」のが基本です

「To」「Cc」「Bcc」の違いと使い分け

宛先	送信先	受信先での アドレス表示	受信者からの 返信
To	メインの相手	表示される	基本的には必要
Cc	情報共有したい 相手	表示される	基本的には不要
Bcc	こっそり 知らせたい相手	表示されない	不要

基本は「テキスト形式」で作成する

2種類あるメール形式、どっちを使えばいい？

■ ビジネスメールは「テキスト形式」で

メールには、テキストメールとHTMLメールの2種類があります。そして一般的には、ビジネスメールではテキストメールを使い、HTMLメールは使用しないことがマナーとされています。

HTMLメールは、ウェブサイトのように背景や文字の色を変えたり、画像やアニメーションを入れたりすることができます。しかし、メールの容量が大きくなってしまいがちで、ウイルス感染のリスクも高まります。また、古いメールソフトではHTMLメールを受信できない場合もあります。

一方のテキストメールは文字や記号だけを送るシンプ

通常のビジネスメールではテキスト形式を使うのが一般的ですが、消費者向けのメールマガジンなどでは、装飾性が高く広告効果が期待できるHTMLメールがよく使われています

ルな形式で、HTMLメールのような装飾はできません。情報量が少ないのでメールサイズが小さく済み、HTMLメールよりもセキュリティ面のリスクも低いとされています。また、誰もが同じ状態で受信できるため、「受信者によって見え方が違う」といったトラブルも防げます。

■「環境依存文字」はなるべく避ける

　メールを送信する際には、「環境依存文字」にも注意が必要です。環境依存文字とは、パソコンの機種や環境（OS）に依存しており、異なる機種や環境で表示させた場合に、文字化けを起こす可能性のある文字のことです。以下のような環境依存文字は、相手の環境によっては読めなくなる場合があります。できる限り使用を控えましょう。

代表的な「環境依存文字」

丸囲み数字・文字	①②③㊤㊥㊦㋐㋑㋒ など
ローマ数字	ⅠⅡⅢⅣⅤⅥⅦⅧⅨⅩ など
半角カタカナ・半角濁音	ｱｲｳｴｵ ｶﾞｷﾞｸﾞｹﾞｺﾞ など
単位記号	㎜ ㎞ ㎖ ㎡ ㍉ ㌔ ㍑ ㌧ など
省略文字	㈱ ㈲ ㈹ 昭和 戦後 令和 ㏑ ㏏ など

基本は
「1メール1用件」

用件が複数ある場合はメールを分ける

■用件の多いメールは読み飛ばされる

同じ相手に伝える用件であったとしても、<u>まったく異なるいくつもの用件を1つのメールにまとめて書くと読みにくくなるうえ、読み飛ばされてしまう可能性も高まります</u>。

また、複数の用件が書かれたメールの送受信を繰り返していると、読み返す際にそれぞれの案件がどのメールに書かれていたのかがわかりにくくなってしまい、結果として時間をロスしたり、相手に迷惑をかけたりしてしまうこともあります。

そのため、<u>原則は「1メール1用件」を意識する</u>ようにしましょう。

用件ごとにメールを分けることで、受信者の読み落としが減り、自分も相手もメールの管理がしやすくなります。

次のページのメール例文は、<u>1通のメールに3つの用件が盛り込まれた「悪い例」</u>です。なるべく1回のメールで済ませたいという気持ちはわかりますが、相手にとっては迷惑になる場合もあるので注意が必要です。

件名：サンプルの発送について

貴社へのサンプル発送の件、承知いたしました。明日中に発送いたします。サンプルのほか、カタログも同梱しておきますので、ご確認いただけますと幸いです。
ところで、先日ご相談いただいた新規プロジェクトですが、大変興味がございます。本日中にお見積りをお送りいたしますので、ご検討いただけますと幸いです。
また、ご案内いただいていたイベントですが、私のほか新人の佐藤も参加することになりましたので、当日、ごあいさついたしたく存じます。

件名と関係のない情報は、別メールで
送るようにしましょう

　もし、どうしても複数の情報を1通のメールにまとめなくてはならない場合には、メールの冒頭で複数の用件があることに触れたうえで、次ページの例文のように、用件ごとに分けて書くようにしましょう。

「用件ごと」に分けて書く

お伝えする用件が多く申し訳ございませんが、
以下、3つの用件についてご連絡差し上げます。

【サンプル発送について】
○○○は□□□いただけますと幸いです。

【新規プロジェクトのお見積りについて】
○○○ですので□□□と存じます。

【来月のイベントの件】
○○○については□□□いたします。

それぞれが別の用件であることがわかるように〝見た目の演出〟を工夫することで、相手に伝わりやすくなります

■「箇条書き」を活用する

　用件は1つでも、場所、時間、費用など複数の情報を一度に相手に伝えなくてはならないこともあります。そうした場合には、相手がポイントを理解しやすいように「箇条書き」を活用しましょう。**箇条書きにすることで読みやすくなるばかりでなく、相手が情報を見落とすリ**

スクも減ります。

　また、箇条書きにすることで、メールの送り手も頭の中が整理されて、情報の過不足や論理的矛盾などに気づきやすくなります。

「箇条書き」でポイントをわかりやすく

担当する仕事の進捗について、
以下3点、ご報告いたします。

・商品Aのイベント会場が○○展示場に決まりました
・Bのプレゼン資料は15日までに提出いたします
・昨日のクレームの件は、商品の再送で解決いたしました

以上、ご確認いただけますと幸いです。

　箇条書きする際には、上の例のように各項目の頭に「・」を打ったり、番号をつけたりすることによって、よりポイントがつかみやすくなります。

打ち合わせや研修、イベントなど、日時や場所、テーマや内容、参加者、費用といった複数の情報を一度に伝えたい場合には、それらの情報を箇条書きにして案内すると相手に喜ばれます

124ページ参照

「具体的な件名」で
確実に読んでもらう

相手を読む気にさせる「件名」のつけ方

■ メールのタイトルである「件名」の重要性

メールを受け取った人が、最初に見るのが「送信者名」と「件名」です。件名は、いわばメールの「タイトル」です。タイトルのつけ方が雑な企画書やプレゼン資料が人の興味を引かないように、<u>メールにつけられた件名がわかりにくかったり、適切につけられていなかったりすれば、当然、相手がすぐに開封する確率は低くなります。</u>「吉田です」「お疲れ様です」「ご報告です」といったあいまいな件名だと、受け取った相手はメールの内容がわからないため、「すぐに読まなくてもいいか」という気持ちになってしまうのです。

「あいまいな件名」のデメリット

内容がわからないので開封があと回しにされがち	「不親切な人」「マナーを知らない人」と思われる
迷惑メールと勘違いされることがある	検索に引っかかりにくいのであとで探しにくい

■ 内容を具体的かつ簡潔に示す

　理想的な件名とは、そのメールの内容を具体的かつ簡潔に示せているものです。たとえば、以下のように具体的に書かれた件名であれば、メール受信者が内容を把握しやすく、確認のストレスも減ります。ただし、具体的に書こうとするあまり件名が長くなりすぎないよう注意しましょう。

わかりやすい「件名」の例

件名:HIMOKAWAプロジェクト進捗状況のご連絡

件名:2月25日開催の営業セミナーのお知らせ

件名:「クールソックス」POPのラフ案(3点)

件名:商品カタログ表紙デザインご確認のお願い

①具体的なキーワードを入れる
案件名や商品名などの具体的なキーワードが入っていると、受信者は件名だけで内容をイメージできる。

②数字を入れる
用件に関連した日時や数量などの数字が入っていると、日程や内容をイメージしやすくなる。

③「どんな用件か」を入れる
「〜のお願い」など"どんな用件なのか"がわかると、受信者は何をすべきかがわかり返信しやすくなる。

■「ヘッド」をつけて件名を目立たせる

件名を目立たせる方法として、件名の頭に【訂正】【ご案内】といった「ヘッド」を入れるという方法もあります。ただし、【至急！】【重要！】【再送信】【要返信】といった相手に圧力をかけるようなワードは、押しつけがましい印象になったり、相手に心理的ストレスを与えたりする場合があるので、よほど緊急の場合でない限り控えたほうがよいでしょう。また、返信メールの件名は、やり取りするテーマや内容が変わらない限り変えない（60ページ参照）のが原則です。

「ヘッド」を入れてわかりやすくする

件名:【お知らせ】11月13日の研修会について
件名:【お詫び】商品カタログに誤表記がありました
件名:【請求書送付】「ホットグラブズ」パネル制作費

このように件名の頭にヘッドを置くことで、どんな内容のメールなのかが伝わりやすくなります。ただし、よほど急ぎのときでない限り、【至急！】など相手にプレッシャーを与えるような言葉を使用するのは控えましょう

「重要な情報」や
「結論」から伝える

相手にもっとも伝えたいことを先に書く

■「お願いしたいこと」は最初に伝える

　メールの文章は、「重要な情報」を先に書くことで、相手に伝わりやすくなります。反対に、誰かにお願いしたいことがあった場合、その「お願いしたいこと」をあと回しにして書くと、相手は「何をお願いされたのか」がわかりにくくなってしまいます。

NG わかりにくい「お願い」のメール文

2月25日(木)の11時にグループミーティングを行います。
司会は佐野係長にお願いしました。
つきましては、11時～12時半で会議室の予約をお願いします。

　上のメール文の場合、「会議室の予約」がもっとも重要な用件(お願い)のはず。しかし、書き手がその用件をあと回しにしてしまいました。この書き方だと、受信者が「お願い」を読み落としてしまう恐れがあります。

「重要な情報」を最初に伝える

2月25日(木)の11時〜12時半で会議室の予約をお願いします。
チーム全員でプロジェクトCについてのグループミーティングを行います。
司会は佐野係長が務めます。

　このように、冒頭で「もっとも重要な情報」を伝えることで、見落としや誤解を招く確率が低くなります。

■「結論」もメールの最初に伝える

　ビジネスメールでは、「結論」をあと回しにする〝もったいぶった書き方〟も好まれません。
「重要な情報」と同様、「結論」もメールの冒頭で伝えるように心がけましょう。

NG 「結論」をあと回しにすると伝わりにくい

15日(月)は出張で長野に出かけており、同地で5カ所ほど現場を視察するほか、長野支店の店員との会合も予定しております。そのため、東京に戻るのは20時過ぎの予定です。せっかくのお誘いですが、今回は参加を見送らせていただきます。

このメールで伝えたい結論は「誘いに応じられない」ことのようですが、その結論をあと回しにして、くどくどと理由を書き連ねてしまいました。これでは、読む側に〝もったいぶった文〟と思われても仕方がないでしょう。このようなケースでは、理由や言い訳を並べる前に、結論を伝えるべきです。

結論が先、理由（言い訳）はあと

> せっかくのお誘いですが、今回は参加を見送らせていただきます。15日(月)は出張で長野に出かけていて、帰京が20時過ぎになるためです。

　このように、メール文の冒頭で「参加できない」という結論を伝えることが大切です。そのあとで、言い訳がましくならないよう、不参加の理由を簡潔に書き添えましょう。

　メールを書くときには、「相手が一番何を知りたがっているのか？」を意識することが大切です。<u>「自分が書きたいこと」ではなく、「相手が知りたがっていること」を書く</u>という、「相手本位」の意識を忘れないようにしましょう。

「メッセージ」は
なるべく短くする

メールの文章はなるべく短く、簡潔に

■「余計な言葉」が多い文章は読みにくい

　メール文を書くときには、文章を短く、簡潔にする必要があります。なかでも大切なのが、余計な言葉を削ることです。

NG　　　「余計な言葉」が多いと読みにくい

その日ですが、どうしても朝から行かなくてはいけないお得意先がありまして、誠にもって残念なのですが、せっかくお誘いいただいた時間に展示会へ行くことができない状態となっております。
とはいえ大変に興味がありますので、次の機会がありましたら、またぜひお声掛けいただけるとうれしい限りでございます。

　上の文のように文章に無駄な言葉や言いまわし（下線部分）が多いと、肝心の内容が頭に入ってきません。そこで、「どうしても」「大変に」といった〝なくても通じる言葉〟を削ったり、簡潔な表現に変えたりするだけで、文章が読みやすくなり、内容も理解しやすくなります。

「余計な言葉」を削って読みやすくする

> その日は朝からお得意様のところへ行くため、残念ながら展示会への参加がかないません。
> とはいえ興味がありますので、次の機会にまたお声掛けいただけますと幸いです。

　とくにメールや企画書といった実務文では、**心情的な形容や比喩の多用は禁物**です。たとえば以下の文は、送り手は「よりイメージしやすく、伝わる表現」を意識して書いたのかもしれませんが、受信者にとっては読む時間が長くなるばかりか、本来のメッセージが読み取りにくくなっています。

NG　「心情的な形容」や「比喩」は多用しない

> 8カ月もの長い期間を費やして一生懸命に調査・研究を続けていたのですが、彗星のごとく現れた競合他社による類似の新商品に出し抜かれまして、惜しくも開発チームは解散する運びとなりました。

　あえて求められた場合を除いて、メールや報告書などの実務文には、上の下線部分のような「感情」や「印象」を表す言葉は必要ありません。

8カ月かけて調査・研究を続けましたが、競合他社から類似の新商品が発売されたため、開発チームは解散することになりました。

■一文あたりの文字数を減らす

　文章を読みやすくするためには、文章全体を短くするだけでなく、<u>一文あたりの文字数を減らす</u>ことも大切です。あまりに一文が長いと、読み手は前に書かれていたことをなるべく覚えていようと意識してしまい、それが読解力の低下やストレスを招くからです。

　とはいえ、短ければ短いほどいいというわけではありません。10文字や20文字程度の文章が連続すると、文章の流れが悪くなり、それはそれで読みにくくなってしまいます。

NG　　「一文が長い」文章は読みにくい

明後日に行うミーティングの議題は、いかにチームの「心理的安全性」を高めるかで、ミーティングの後半には来年2月の公開を予定している広告サイト制作の進捗確認と新規プランに関するブレストも行いますので、ご多忙とは存じますが、ご参加いただけますよう、よろしくお願いいたします。

この文章では、一文に約130文字が費やされています。**情報量が多すぎて、内容が頭に入ってきません**。そこで、要所要所で文章を区切って、一文を短くしてみましょう。

一文を短くする

明後日に行うミーティングの議題は、いかにチームの「心理的安全性」を高めるかです。
また、ミーティングの後半には来年2月の公開を予定している広告サイト制作の進捗確認と新規プランに関するブレストも行います。
ご多忙とは存じますが、ご参加いただけますよう、よろしくお願いいたします。

このように、文章を短くすると読みやすくなるばかりでなく、リズム感が出るため読み手にも伝わりやすくなります。

また、「一文を短く」と意識することで、主語と述語のつながりが明確になります。その結果、読み手の文章の理解度も高まります。

「改行」や「空白」を入れて読みやすくする

読みやすそうな「見た目」の文章を心がける

■「改行」や「空白」を意識する

　文章を書くときに、内容や書き方を気にする人は多いですが、文章の"見た目"を気にする人はあまりいません。しかし、<u>私たちが思っている以上に、文章の見た目は重要</u>です。

　以下の文章を見比べてみてください（内容を読む必要はありません）。ぱっと見で、どちらが「読みやすそう」と感じますか？

▼例文1

> いつもお世話になっております。太田牛三です。
> 昨日はご多忙の最中にご来社いただきまして、誠にありがとうございました。
> Webサイトのデザインについて、見た目のインパクトよりも空白を活かした読みやすいレイアウトをご希望とのこと、承りました。
> ラフ3案を添付いたしましたので、ご確認いただけますと幸いです。
> たびたびお手数をおかけいたしまして恐れ入りますが、よろしくお願いいたします。

いつもお世話になっております。
太田牛三です。

昨日はご多忙の最中にご来社いただきまして、
誠にありがとうございました。

Webサイトのデザインについて、
見た目のインパクトよりも、空白を活かした
読みやすいレイアウトをご希望とのこと、承りました。

ラフ3案を添付いたしましたので、
ご確認いただけますと幸いです。

たびたびお手数をおかけいたしまして恐れ入りますが、
よろしくお願いいたします。

　あなたもおそらくは例文2のほうを「読みやすそう」
と感じたことでしょう。しかし、2つのメールの文面は
まったく同じで、違うのは「見た目」だけです。
　例文2では、意識的に1行を短くしています。1行は長
くても35文字以内に収まるようにし、句読点や切りの
いい文節（文章の一区切り）で改行すると読みやすくな
ります。
　また、情報ごとにブロック分けし、話（情報）の区切
りに空白の行を入れると、見た目がスマートになるうえ、
「情報の拾い読み」がしやすくなります。

■漢字とひらがなは「3：7」を意識する

「漢字」と「ひらがな」の割合にも注意を払う必要があります。以下の2つの例文を見比べてみてください。

▼例文1

> 御連絡有難う御座います。
> 御要望通りの修正が可能か否かを担当者に問い合わせました上で御回答差し上げます。
> 尚、御要望の形での修正が難しい場合には、改めて当方より複数の修正案を御提案致します。

▼例文2

> ご連絡ありがとうございます。
> ご要望どおりの修正が可能かどうかを担当者に問い合わせまして、ご回答いたします。
> なお、ご要望の形での修正が難しい場合には、改めて私からいくつか修正案をご提案いたします。

　漢字使用率が50％を超える例文1は、ぱっと見ただけで「堅苦しい」「読みにくそう」と感じる人が多いでしょう。一方、例文2の漢字使用率は約30％です。単に漢字をひらがなに変えるだけでなく、小難しい言い回しは平易な表現に変更しています。

　あくまでも目安ですが、漢字とひらがなの使用比率は「3：7」くらいを意識するとよいでしょう。

■「堅苦しい漢字」はひらがなにする

　漢字使用の原則は、「常用漢字表」（文化庁のウェブサイトに掲載されています）に掲載されていない漢字を使わないことです。しかし、これもひとつの目安にすぎません。大切なのは、書き手がTPOをわきまえて「漢字か」「ひらがなか」を選ぶことです。理解しやすい文章を書いている人ほど、堅苦しい漢字を使わないよう意識しているものです。　以下はひらがなで書いたほうが読みやすい言葉の例です。

「ひらがな」のほうが読みやすい言葉（例）

或いは➡あるいは／又は➡または／従って➡したがって／

即ち➡すなわち／殆ど➡ほとんど／更に➡さらに／

何時➡いつ／何処➡どこ／位➡くらい・ぐらい／程➡ほど／

等➡など／迄➡まで／事➡こと／所➡ところ／

宜しく➡よろしく／暫く➡しばらく／是非➡ぜひ／

丁度➡ちょうど／貴方➡あなた／敢えて➡あえて／

只今➡ただいま／頂く➡いただく／御座います➡ございます／

有る➡ある／無い➡ない／様々➡さまざま／色々➡いろいろ／

遂に➡ついに／尚➡なお

「署名」のルールと使い分け

メールの署名はあなたの「名刺」です

■「署名」に入れるべき情報は？

署名は「自分がメールを書いた」という証明であり、連絡先を知らせるという役割もあります。はじめてメールのやり取りをする際に、署名がないと相手に不審がられてしまいます。

標準的な署名には、以下の情報を入れます。

署名に入れる項目

株式会社HOUTOU───────────	**会社・団体名**
経営企画広報部 広報チーム────────	**所属部署**
武田勝央(Katsuo Takeda)──────────	**氏名**
〒115-□□□□	
東京都北区青羽□-□-□ Cave青羽1F──────	**住所**
TEL 00-0000-0000────────────	**電話番号**
FAX 00-0000-1010────────────	**FAX番号**
E-mail:takeda@hohohoutou.co.jp────	**メールアドレス**
http://www.hohohoutou.co.jp/────	**会社・団体のURL**

自宅などオフィス外での勤務が多い人は、「携帯番号」も入れましょう。また、社屋移転などの「お知らせ」、自社の宣伝などを署名に入れる場合もありますが、**あまり署名が長くなりすぎると煙たがられる**こともあるので注意が必要です。

　なお、署名は標準的なものだけでなく、何度もやり取りする人向けの「簡易版」や、極力シンプルにした「社内版」など、あらかじめいくつかの署名パターンを用意しておくとよいでしょう。

「簡易版」の署名の例

武田勝央（takeda@hohohoutou.co.jp）
HOUTOU 経営企画広報部
TEL 00-0000-0000　FAX 00-0000-1010

「社内版」の署名の例

武田勝央（takeda@hohohoutou.co.jp）
経営企画広報部　内線 4649

やり取りが多い相手でも、「電話をしたい」「郵送したい」といったときには署名を頼りにするものです。新規で送る1本目のメールには標準的な署名を添えましょう

大容量ファイルの
添付は要注意

添付でデータを送るときのマナーと常識

■大容量データの添付は相手にとって迷惑

メール添付でデータを送る際は、容量に注意する必要があります。なぜなら、受信側のメールサーバに負担をかけてしまうからです。

一般的な企業では、メールの容量は10MB（メガバイト）程度に制限されている場合が多く、それ以上の容量のデータを添付で送ろうとしても弾かれてしまい、送信できないこともよくあります。また、タブレットやスマートフォンなどモバイル通信を利用して大容量ファイルを受け取る場合、受信に時間がかかってしまうというケースもあります。

一般的には、2MB以上のデータをメール添付で送るのはマナー違反とされていますが、近年はパソコンのスペックや通信環境が進歩しているため、3〜4MBは許容範囲とされています。

もし、容量の重いデータを添付で送る場合には、事前に相手の環境を確認し、許可を得てから送るようにしましょう。

■大容量データを送るための手段と注意点

　添付ファイルの容量を小さくする方法として、よく利用されるのがファイルの圧縮です。もっとも一般的なのはZip形式による圧縮ですが、タブレットやスマホで受け取ると解凍できないケースがあるうえ、セキュリティ面に不安があるとして、受信不可としている企業もあります。そのため、圧縮データを添付で送る際も、事前に、送信先の相手に確認をしたほうがよいでしょう。

　なお、メールに添付するには重すぎるファイルを送る際には、ファイル転送サービスやクラウドストレージの利用をオススメします。ほかにも、ビジネスチャットでの送信や、オンライン会議中のチャットでの送信といった方法もあります。

ファイル転送サービスには無料のものもありますが、セキュリティ面が気になる場合は有料サービスを利用しましょう。ちなみに、クラウドストレージとは、ファイルを複数人で共有できるサービス。OneDriveやDropboxなどが有名です

「返信」するときの基本マナー

「感じのいい返信」をするためのコツとは？

■同じ用件のメールは「件名を変えない」

　仕事上のメールに返信する際は、原則として「件名を変えない」のがマナーです。なぜなら、メールの検索や整理をする際、件名が変わると「どの案件に関するメールか」が把握しにくくなるからです。

　また、相手が同じ件名のメールがまとまるスレッド表示を用いている場合には、件名が変わると目当てのメールが見つけにくくなり、混乱を招きます。

　なお、返信メールに「Re:」がつくことは、メールの管理上、意味のあることです。件名に「Re:」があるメールは返信メールで、「Re:」がないメールは新規メールだと判断できるからです。

件名に相手の会社名や名前が入っていても、返信時に変える必要はありません。送受信ごとに「Re:」が増えて件名が見にくくなった場合は、1つだけ残してあとは消しましょう

■相手に「ソフトな印象」を与える返信とは？

以下は、スタンダードな返信メール文の例です。

いつもお世話になっております。

さっそくカタログデータをお送りいただき、
誠にありがとうございました。──①

内容を拝見いたしましたが、
12ページの市場調査のグラフが資料と異なっていました。
お手数ですが、差し替えをお願いいたします。──②
（確認用として、該当するデータを添付いたします）

修正データをいただきましたら、
社内チェックを進めます。──③

引き続き、よろしくお願いいたします。

このメールに盛り込まれたポイントは、以下の3つです。

①メールを送ってもらったことに対するお礼。受け取り
の連絡を兼ねて、何を受け取ったかにも触れる。
②内容に対しての返事。特筆すべき伝達事項がある場合
には、ここで具体的に伝える（上の例文では、相手がわ

からない場合も想定して資料を添付)。

③今後、自分がどのように動くかを伝える。

　なお、すぐに返事ができない場合には、以下のように
「すぐに返事ができない旨」を伝えます。

> いつもお世話になっております。
>
> さっそくカタログデータをお送りいただき、
> 誠にありがとうございました。
>
> カタログの内容につきましては、弊社販売部の確認を取る必
> 要がございます。——①
>
> 大変申し訳ございませんが、明後日(10日)の正午までお時
> 間をいただけますか。——②
>
> 引き続き、よろしくお願いいたします。

　上のメールでは、以下の2つを盛り込みました。

①すぐに明確な返事ができない旨とその理由。

②明確な返事を送る期日(こちらからの一方的な報告で
はなく、相手の許可を求めるスタンスで)。

　対話による意思疎通と異なり、メールでのやり取りの
場合、何気なく書いたひと言が、相手に〝キツい〟印象

を与えてしまうケースが少なくありません。**意識的に相手を立て、相手の許可を求めるぐらいのイメージで書くと、読む人にソフトな印象を与えられます。**

■相手のコミュニケーションスタイルに合わせる

返信の際には、**ある程度は相手のコミュニケーションスタイルに合わせる**意識も必要です。

たとえば、「今回もよろしくお願いします！」というメッセージに対しては、「承知しました！」とノリで答えても失礼には当たりません。フランクな言葉に対して、「こちらこそ何卒よろしくお願い申し上げます」とかしこまった返信をしてしまうと、相手は「噛み合わない」と感じてしまうかもしれません。

メールでも、**会話と同じように相手と"ノリ"や"言葉づかい"を合わせる**ことを意識しましょう。

ちなみに、自分が「Cc」または「Bcc」になっている場合には、基本的には返信する必要はありません

33〜35ページ参照

返信はいつまでに すればいい？

レスポンスが早いと高く評価される

■ 返信は「24時間以内」を心がける

　返信の文面はもちろん大切ですが、それと同じくらい、あるいはそれ以上に大切なのが早い返信（即レス）です。ビジネスシーンでは、レスポンスが早いと高く評価されます。とくに確認メールや問い合わせメールについては、なるべく早く返信することを意識しましょう。

　また、すぐに求められた返事ができない場合には、メールを受け取った旨だけでも返信しておくと、相手も安心して待つことができます。その際、確実に回答できる期日も伝えましょう。

　メールを受信してから返信するまでの時間は、「24時間以内」が原則です。もしも、返信までに24時間以上かかってしまった場合は、返信文に遅れたことに対する「お詫び」を添えておきます。

　また、出張や休暇などで一定期間メールチェックができず、すぐに返信できないことがわかっている場合には、事前に、メールを送ってくる可能性がある人たちに〝自身の不在予定〟を伝えておきましょう。

■なるべく相手の営業時間内に返信する

　返信は「早ければ早いほどいい」といっても過言では
ありません。とはいえ、<u>営業時間外の返信はなるべく控</u>
<u>えるべき</u>です。とくに近年は、帰宅後もスマホでメール
チェックをする人が多いので、帰宅後の骨休めの邪魔を
しないよう注意すべきです。

　本当に至急の用件であればまだしも、明日でもまった
く問題ない内容のメールが帰宅後に送られてきたら、相
手は気持ちが休まりません。どうしても遅くに送らなく
てはいけない場合は、「夜分遅くに失礼いたします」と
断りを入れるほか、遅くに送ることになった理由も添え
ましょう。

　ちなみに、当たり前のことですが「営業時間内に送る」
ことを意識する場合は、〝自分の〟ではなく、〝相手の〟
営業時間に合わせて考えましょう。

素早い返信は、相手に「仕事が早い」「仕事
ができる」という印象を与えます。とはい
え、いくら返信が早くても誤字や脱字、添
付漏れなどがあったら逆効果。送信前の
チェックを忘れずに

質問への回答は
イエス・ノーをはっきりと

返事をするときは「相手の立場」で考える

■あいまいな返事は相手をイライラさせる

相手から何かしらの回答を求められたときに、「イエス」と「ノー」のどちらなのか判然としない返信は、相手をイライラさせます。

たとえば、忘年会の出欠を求められたときに、あなたはどんな返信をしていますか？

「なるべく参加するつもりです」

「たぶん参加できると思います」

「参加できるかもしれません」

「不参加になる場合もあります」

「現時点ではまだわかりません」

こんな返事をよくするという人は要注意です。これでは、参加するのか、しないのか、相手にはわかりません。

本人は「返事をしたからこれで大丈夫」と思っているのかもしれません。しかし、相手の立場で考えた場合はどうでしょう？ 参加人数が確定できなければ、その後の段取りに支障が出るかもしれません。

■すぐに返事ができない場合の返信方法

　もしも、「行きたいけれども、現時点では参加できるかどうかわからない」という場合は、以下のような返信がおすすめです。

> 誠に申し訳ございませんが、
> 来週は出張が入る予定でして、
> まだ日程が決まっておりません。
>
> 明日（10日）のお昼過ぎには明確になりますので、それまでお待ちいただけますか。
> 決まり次第、ご連絡いたします。

　このように、現時点では出欠を決められないこと（とその理由）を伝えたうえで、回答期日を決めて「お待ちいただけますか」とお伺いを立てています。こうすれば、相手もストレスを感じずに待つことができます。

回答や意思表示の先延ばしは「相手の時間を奪う行為」と心得ましょう

「インライン回答」で わかりやすく返信

質問に対して、わかりやすく明確な回答をする

■回答漏れのリスクを減らすという利点も

相手のメール文の一部を引用し、確認事項や質問事項に答えていく方法を、一般的に「インライン回答」や「部分引用」といいます。

相手の質問に対して、一から回答の文章を書いていると時間がかかるうえ、相手にとってもわかりにくくなってしまう場合があります。その点、<u>インライン回答であれば、文章作成の時間を削減できるうえ、わかりやすく明確な回答ができます</u>。

たとえば、取引先から以下のようなメールが送られてきたとします。

「関取ミルク」のパッケージサンプルの納期はいつのご予定でしょうか。
また、納品いただく際にあわせて「関取シリーズ」のカタログデータもお送りいただくことは可能でしょうか。
それと、「関取クッキー」のパッケージデザイン案もお送りいただけますと幸いです。
ご確認とご検討のほど、よろしくお願いいたします。

このメールに対して、インライン回答ではなく普通に返信した場合、以下のような文章になります。

▼返信例1

> 「関取ミルク」サンプルの納期は予定どおり10月25日(金)です。その際にカタログデータもあわせてお送りいたします。
>
> なお、「関取クッキー」のパッケージデザイン案は「大銀杏ver.」「土俵ver.」はできているのですが、現在「化粧まわしver.」を作成中のため、明日(17日・木)15時までお待ちいただけますか。

一方で、同じ問い合わせに対して、以下のようにインライン回答することもできます。

▼返信例2

> >「関取ミルク」のパッケージサンプルの納期はいつのご予定でしょうか。
> →予定どおり10月25日(金)です。
>
> >また、納品いただく際にあわせて「関取シリーズ」のカタログデータもお送りいただくことは可能でしょうか。
> →承知しました。カタログもあわせてお送りします。
>
> >それと、「関取クッキー」のパッケージデザイン案もお送りいただけますと幸いです。
> →「大銀杏ver.」「土俵ver.」はできているのですが、現在「化粧まわしver.」を作成中のため、明日(17日・木)の15時までお待ちいただけますか。

このように、インライン回答で答えると「問い」と「回答」の関係が明確になるうえ、回答漏れのリスクも減らせます。

　ただし、会社や業界によっては「引用はできるだけ避けるべき」という暗黙の了解があったり、「インライン回答は失礼にあたる」と考えたりする人もいます。

　そのため、インライン回答をするときには、メールの最初に「インラインで失礼いたします」と断りの一文を入れておきましょう。

インライン回答をする場合は、たとえ相手の文章に誤字・脱字があったとしても、引用文の書き換えや削除、加筆などは厳禁！"引用文の編集"が大問題を引き起こす場合もあるので、十分に注意しましょう

メールのやり取りは「一往復半」がベスト

メールのやり取りの回数をなるべく減らす

■基本は「依頼をした側」のメールで終える

メールのやり取りは、「一往復半」が理想です。たとえば、AさんとBさんという2人のやり取りの場合、①仕事の依頼（Aさん）→②快諾（Bさん）→③快諾へのお礼（Aさん）、というのが理想的なパターンです。つまり、「依頼をした側」のメールで終える、というのが基本です。

メールのやり取りは少ないほうがお互い時間も取られず、手間も少なくて済みます。その最小単位が「一往復半」ということです。

ただし、相手が大切な取引先や上司、業界の大御所といった〝目上の人〟の場合は、自分が依頼を受けた側であったとしても、相手からのメールでやり取りを終わらせるのは〝居心地が悪い〟ものです。

その場合には、相手からの「快諾のお礼」に対して、「こちらこそ、ありがとうございました。お目にかかれることを楽しみにしております」などと、もう一度返したほうがスマートな場合もあります。

ビジネスメールでの絵文字使用はNG？

絵文字の使用はケースバイケースで考えよう

■絵文字は「おじさんくさい」？

結論から述べると、ビジネスメールでは絵文字や顔文字の使用は控えましょう。ただし、相手から絵文字や顔文字が送られてきた場合は、そのコミュニケーションスタイルに合わせる形で使ってもOKです。

現在、50歳前後より上の世代の人たちの中には、顔文字に対して、いわゆる「ネット民」が使うものという印象を持っている人が少なからずいます。

一方、20代以下の「デジタルネイティブ」といわれる若い人たちの中には、ガラケー文化とともに普及した絵文字を「おじさんくさい」として敬遠する人たちが一定数います。

なお、最近、利用者が増えてきた「ビジネスチャット」では絵文字の使用が抵抗感なく受け入れられています。この流れもあり、今後、ビジネスメールで絵文字や顔文字を使うことに抵抗感を抱かない人も増えてくるかもしれません。

ちなみに、絵文字を使うと、文字だけでは表現できな

い感情やニュアンスを出すことができるため、送受信者双方にとって便利とする意見もあります。

■謝罪、お詫びの際に絵文字使用はNG！

最近は、「社内メール」のやり取りでは絵文字や顔文字を使用するという人が増えつつあります。とくに同僚や部下とメールをする際には、「表現が柔らかくなる」「テキストを打つより時間がかからない」「気持ちが伝わりやすい」といった利点から、積極的に活用している人も少なからずいます。また、上司などにミスの報告や謝罪のメールを送ったあとに、相手から顔文字や絵文字入りの返信をもらうと「ホッとする」という意見もあります。

ただし、上司や取引先への絵文字や顔文字の使用は、よほどフランクにやり取りできる間柄でない限り、避けたほうが無難でしょう。とくに、相手に謝罪やお詫びのメールを送る際に絵文字や顔文字を使うと、「軽い」「反省していない」「ふざけている」といった印象を与えてしまいます。

若い人たちとチャットでやり取りする場合は、絵文字ではなくスタンプを使うと「おじさんくさい」「ダサい」といった印象を軽減できます

送信前に「確認」をする

送信前のチェックでミスを防ごう

■送信前に必要なチェックとは？

メールのやり取りで発生するミスや誤解の多くは、<u>送信する前のチェックで防ぐことができます</u>。送信後に後悔したくなければ、送信前に以下の点を確認するようにしましょう。

送信前に確認すべきポイント

- ☑ 宛先（To、Cc、Bcc）に誤りはないか
- ☑ 宛名と敬称に誤りはないか
- ☑ 必要なファイルを添付したか
- ☑ 件名は具体的でわかりやすいか
- ☑ 必要な情報が抜け落ちていないか
- ☑ 余計なことを書いていないか
- ☑ 誤字・脱字はないか
- ☑ わかりやすい言葉で書かれているか
- ☑ 具体的に書かれているか
- ☑ 見た目が読みやすいか（改行や空白）
- ☑ 相手を不快にさせる表現・内容になっていないか

　とくに宛先（アドレス）の誤りや添付するファイルの誤りは情報漏洩を招いて責任問題に発展する恐れもあるので、細心の注意を払いましょう。

■誤りが判明したら「お詫びと訂正」をする

　送信したメールに誤りがあることがわかったときには、すぐに「お詫びと訂正」のメール（236ページ参照）を送ります。その際、本文に修正済みの全文を貼り付けておくと親切です。

　また、後日、相手が間違って最初の「誤った情報が記載されたメール」を読み返すことがないよう、「お手数ですが先ほどのメールは削除願います」といった一文も添えておきましょう。

> ただし、相手を怒らせてしまうような大きなミスを犯したことに気づいたときは、メールではなく、すぐに"お詫びの電話"を入れましょう

メールとチャットの使い分け

「メール」と「チャット」は用途が異なる

■チャットはメールの代替ツールではない

ビジネスシーンでの通信手段は、現在もメールや電話が主流です。しかし近年は、コロナ禍によってリモートワークが一般化したこともあり、「Slack（スラック）」「Chatwork（チャットワーク）」「LINE WORKS（ラインワークス）」といったビジネスチャットツールの普及が進んでいます。また、個人用としてダウンロードしたLINEを、そのまま仕事でも使用しているという人も多いでしょう。

メールとチャットは、どちらも「テキストを介したやり取り」を行うためのツールであることには変わりありませんが、その用途はやや異なります。

メールの場合は、その名称どおり「通信速度の速い簡易的な手紙」という側面がありますが、**チャットはメールの代替ツールというより、「電話」や「対面」に近い役割を担っています**。そのため、シチュエーションや目的、やり取りする相手に応じて、両者を上手に使い分ける必要があります。

メールがオフィシャルな「手紙」だとしたら、<u>チャット</u>はカジュアルな「会話」に近いイメージです。以下のような場合は、チャットではなくメールを使用したほうがいいでしょう。

こんなときは「メール」を使おう

相手との信頼関係がまだ築けていないとき

はじめての相手とやり取りするとき

記録や証拠として履歴を残しておきたいとき

機密性の高い情報をやり取りするとき

相手がメールでのやり取りを希望しているとき

取引先など社外の人とやり取りする場合は、やはり今もメールが基本です

■メールとチャットのメリット・デメリット

　今でも仕事上のやり取りはメールが中心ながら、社内でのやり取り、とりわけリモートワーク下でのやり取りでは、「スムーズにコミュニケーションできるから」という理由でチャットを使っている人も少なくありません。以下にメールとチャットのメリットとデメリットを解説しますので、使い分けの参考にしましょう。

メールのメリット・デメリット

メリット	デメリット
丁寧（フォーマル）な印象を与えられる（社外とのやり取りに適している）	相手がメッセージを読んだかどうかがわからない
既読・未読機能がないため相手に切迫感を与えない	一定の形式があるため文章の作成に時間がかかる
見落としのリスクが低い	スピード感のあるやり取りがしにくい

チャットのメリット・デメリット

メリット	デメリット
相手が既読か、未読かがわかる	砕けた(カジュアルな)印象を与える(社外とのやり取りには不向き)
文章作成の時間を短縮できる	既読・未読がわかるため受信者に切迫感を与える
グループでのやり取りがしやすい	「見落とし」のリスクが高まる

※ビジネスチャットの中にはChatworkなど既読機能がないツールもあります。

チャットは気軽に書ける分、文章が砕けすぎてしまい相手に「失礼な人」という印象を与えることもあるので要注意。また、メールとチャットの両方を使うとチェックの手間が増えるため嫌う人もいます。相手の意向も聞いて使い分けるようにしましょう

伝わる文章術①
「5W2H」を意識する

情報を伝えるための文章の「鉄則」

■「5W2H」で正確性と説得力を高める

メール文に限らず、情報を伝えるための文章では、以下の「5W2H」を意識する必要があります。

▶Who（誰が／どんな人が）

▶What（何を／どんなことを／どんなものを）

▶When（いつ／どんなときに）

▶Where（どこで／どこに／どこへ／どこから）

▶Why（なぜ／何のために）

▶How（どうやって／どんなふうに）

▶How much（いくら）

この「5W2H」の情報が抜け落ちてしまうと、相手に伝わりにくくなるばかりでなく、説得力も弱まってしまいます。情報の正確性が求められる場合は、とくに注意しましょう。

たとえば、以下のようなメール文では、相手は正確な情報を把握することができません。

 NG 先日の件ですが、先方は再検討してほしいとのことでした。

以下は、「5W2H」を意識して書き直したメール文です。

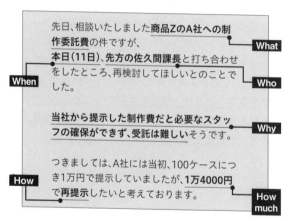

先日、相談いたしました**商品ZのA社への制作委託費**の件ですが、 —— **What**

本日(11日)、先方の**佐久間課長**と打ち合わせをしたところ、再検討してほしいとのことでした。 —— **When** / **Who**

当社から提示した制作費だと必要なスタッフの確保ができず、受託は難しいそうです。 —— **Why**

つきましては、A社には当初、100ケースにつき1万円で提示していましたが、**1万4000円**で**再提示**したいと考えております。 —— **How** / **How much**

この文章のケースでは、場所(Where) の情報は不要と判断し、あえて盛り込んでいません

伝わる文章術②
「逆三角形型」で書く

「新聞記事」の文章をイメージして書く

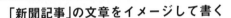

■「逆三角形型」の文章とは？

　本章45ページで、「重要な情報」や「結論」から伝えることでメールが読みやすくなり、相手にも伝わりやすくなることを説明しました。これを実践するには、「新聞記事」の文章を意識するとイメージしやすくなります。

　新聞記事の文章は、情報を読み手に的確に、わかりやすく伝える必要があるため、真っ先に「結論」を書き、そのあとに説明を加えていくという「逆三角形型」をしています。

　一方、以下のように"相手にわかりやすく"と考えて「時系列順」や「起承転結」でメール文を書いてしまう人がいますが、そうした書き方はビジネスメールには適していません。

NG　見通しが明確になっていない状態で見切り発車してしまうと、当社の不利益になる可能性があります。
そうなった場合、株主にも申し開きできません。
したがって、当事業の推進には反対です。

前ページの例文を、「逆三角形型」で書くと、以下のようになります。

> 当事業の推進には反対です。
> 見通しが明確になっていない状態で見切り発車してしまうと、当社の不利益になる可能性があります。
> そうなった場合、株主にも申し開きできません。

　文章はほぼ同じですが、頭に結論を書き、そのあとで、なぜその結論（主張）を導いたかの根拠づけ（論証）を書いた上の文章のほうが、読みやすく、伝わりやすいと感じるはずです。

　「短く」「わかりやすく」「簡潔」な文章が求められるメール文では、大事なことから先に書く「逆三角形型」を意識しましょう。

冒頭で結論を明確にすることで、続きの文章も迷いなくスピーディーに書くことができるようになります

伝わる文章術③
「PREP法」の活用

「PREP法」で文章の説得力を高める

■ Point→Reason→Example→Point

「逆三角形型」と同様に、結論を冒頭に書く文章の型に「PREP法」があります。PREPとは、「Point→Reason→Example→Point」の略で、逆三角形型における「結論」のあとの「説明」の部分に、「理由(根拠・裏づけ)」と「事例・具体例(実際に何があったのか)」を盛り込み、最後にもう一度「結論」で終えるという文章の型です。PREP法では、結論を2回書くほか、根拠をはっきりさせて主張の裏づけをするため、逆三角形型よりさらに説得力が高まります。

「PREP法」の文章の型

▶ **Point(ポイント、結論)** ～の結論は～です。

▶ **Reason(理由)** なぜならば～だからです。

▶ **Example(事例・具体例)** 実際に(事実、たとえば)～という事例があります。

▶ **Point(ポイント、結論[まとめ])** したがって、～の結論は～です。

■「理由と事例・具体例」を結論で挟む

　PREP法を用いて、以下のように「結論→理由→事例・具体例→結論」の順番で書くと、読み手の理解や共感を得られやすくなります。

「PREP法」を用いた文章の例

心理的安全性を高めるためには、チーム員同士の雑談の機会を増やすべきです。——**Point**

なぜなら、雑談はチーム員同士の相互理解を深め、人間関係をよくするうえで役立つからです。——**Reason**

実際に、A社では社員のための喫茶スペースを設置したところ、社員同士が雑談する機会が増えて心理的安全性が高まったそうです。その結果、仕事の効率と生産性も向上したといいます。——**Example**

このように、社員同士の雑談の機会を増やすことで、心理的安全性が高まるのです。——**Point**

このように、結論を最初に述べ、そのあとに理由や事例、具体例をあげたうえで、最後に改めて結論を述べることで説得力が増します

伝わる文章術④
「ホールパート法」の活用

1回のメールで複数の情報を伝える場合は？

■複数の情報を整理し、理解しやすくする

　伝えたい情報が複数ある場合には、「ホールパート法」を用いると、シンプルにわかりやすく伝えることができます。「ホールパート」とは、全体を意味する「Whole(ホール)」と、部分を意味する「Part（パート）」を組み合わせた造語です。

「ホールパート法」の文章の型

▶Whole ＝ 内容の全体を説明する

○○について3点、ご報告いたします。
1点目はXXX、2点目はYYY、3点目はZZZです。

▶Part ＝ 1つ1つの詳細を説明する

1点目のXXXですが〜
2点目のYYYは〜
3点目のZZZについては〜

▶Whole ＝ 内容の全体のまとめ

以上、○○について3点、ご報告いたしました。

このように、**まずは全体像を伝え、次に全体を構成する各パートの詳細を説明し、もう一度全体像を伝える**ことで、複数ある情報が整理され、読み手にとって理解しやすくなります。以下は、ホールパート法を用いたメール文の例です。

「ホールパート法」を用いたメール文の例

15日に行われた新商品Aの打ち合わせにつき、2点ご報告いたします。——**Whole**

1)イラストレーターについて
パッケージに起用するイラストレーターはnyamlさんに決定しました。nyamlさんにはすでに問い合わせており、ご本人の承諾も得ております。

2)パッケージデザインの発注先について
パッケージデザインは、過去に商品Sのデザインを手掛けた(株)CHANKOにお願いすることになりました。
(参考までに、商品Sのパッケージデザインデータを添付いたします)——**Part**

以上です。
ご不明の点がありましたらお問い合わせください。——**Whole**

ルーティンメールには
「ひな型」を用意しよう

▶ 過去のメールを保存して「ひな型」にする

　仕事を進める際、同じような内容のメールを書くことが多いようなら、事前に「ひな型（テンプレート）」を用意しておくといいでしょう。文章作成時間が短縮されるだけでなく、伝えるべき情報や内容の抜け落ちを防ぐこともできます。

　ひな型をつくるといっても、いろいろなシチュエーションを想定して一から作成し、準備しておく必要はありません。過去に自分で作成したメール文を、次の機会に使えるよう保存しておくだけで十分です。

　ただし、人名や商品名などの「固有名詞」、金額や日付、数量などの「数字」をそのまま保存しておくと、次にひな型を使用する際に書き換えるのを忘れて、間違った情報を相手に送ってしまうかもしれません。

　そうしたミスを防ぐために、ひな型として保存する際には、固有名詞や数字の部分には「●」などの目立つ記号を入れておき、メールごとに書き換えましょう。

　右ページにひな型の例をあげましたので、ご参照ください。

「ひな型」の例

株式会社●●
●●様

いつもお世話になっております。
株式会社そめぬきの野見でございます。

このたびは、弊社の商品にご興味をお持ちいただき、
誠にありがとうございます。

●●の資料を
本日、●●様宛にて発送いたしますので
明日(●日・●)にはお手元に届くかと存じます。

資料に関してご不明の点がございましたら、
お気軽にお問い合わせください。

また、弊社ウェブサイトでも
商品のご案内をしておりますので、
あわせてご確認いただけますと幸いです。
http://www.somenuki/xxx_xxx.com

何卒よろしくお願い申し上げます。

(署名)

▶「気持ちを伝える一言」を添える

　前ページで掲載した例文のような事務的な内容の場合は、「●」を入れておいた部分だけを書き換える「ひな型の使い回し」で問題ありませんが、お礼やお詫び、依頼、営業など、自分の〝気持ち〟を表す必要のあるメールの場合は、相手への個別のメッセージを盛り込むようにしましょう。

　たとえばお礼のメールであれば、ひな型に書き加える形でもよいので、「普段お聞きすることのないお話も伺うことができ、大変勉強になりました」などと「何に対して感謝しているのか」を一言添えるだけで、印象が格段によくなります。相手に「いかにも使い回し」と思われないよう十分に注意しましょう。

▶「単語登録機能」も活用しよう

　テンプレートと同様に、「単語登録機能」も活用しましょう。

　たとえば、「いつもお世話になっております」「よろしくお願いいたします」といった日頃よく使う言葉を、「いつ」「よろ」と打つだけで変換できるよう、日本語入力ソフトに登録しておくのです。それだけで文章を書くスピードが速まるうえ、タイプ時のストレスが大幅に軽減されます。

Chapter 2

感じのいいメールの「書き出し」と「結び」

ものごとは何でも「はじめ」と「終わり」が肝心です。これはメールの場合も同じです。相手や状況に合わせて適切な「書き出し」と「結び」のフレーズを使い分けることができれば、少なくとも「感じの悪いメール」にはなりません

メール文の肝は「書き出し」と「結び」

メールは「はじめ」と「終わり」が重要

■身だしなみと同様に「第一印象」が大切

初対面の人とのあいさつや会話と同様、<u>メールの場合も「はじめ」と「終わり」は非常に重要</u>です。

メールの「書き出し」は、そのメールの第一印象を決定づけます。言葉を間違えたり、表現が適切でなかったりするだけで、相手に〝よくない印象〟を与えてしまうことがあります。

一方、「終わりよければすべてよし」ということわざがあるように、メールの「結び」も重要です。「結び」をおろそかにすれば、読後感を損ねてしまいます。

<u>「書き出し」と「結び」に配慮できる人が、メールコミュニケーションで大きな失敗をすることはありません</u>。「雑」にならないよう工夫しましょう。

> Chapter 2では、メールの「書き出し」と「結び」の〝定型〟を、シチュエーションごとに解説していきます

書き出しのあいさつが あなたの印象を決める

書き出しの「あいさつ」を使い分ける

■書き出しで「お礼」や「気づかい」を伝える

　メール文の書き出しは、会話でいうところの「あいさつ」に当たります。文章によるコミュニケーションがうまい人は、そのつど、あいさつ文を使い分けて最適化しています。

　ビジネスメールにおいて、もっともスタンダードな書き出しは「いつもお世話になっております」ですが、相手や状況によっては、「お疲れさまです」「はじめまして」「ご無沙汰しております」などのフレーズが適している場合もあります。

　また、書き出しで「お礼」や「気づかい」の気持ちを伝えることによって、相手との信頼関係や絆が深まりやすくなることもあります。

　仕事とは人間関係で成り立つものです。適切なあいさつでコミュニケーションを円滑にすることで、おのずと仕事の成果も上がります。

基本的な「書き出し」のあいさつ

　繰り返しになりますが、社外の人へ送るメールの書き出しは「（いつも）お世話になっております」がもっともスタンダード。もう少し丁寧さを加えたり、たまに変化をつけたりする場合には、以下にあげるフレーズも使ってみましょう。

　一方、社内の相手には「お疲れさまです」が定番。相手への労いや気づかいを表すフレーズで、目上の人にも使えます。ただし、「お疲れ」という言葉のネガティブな側面を嫌う人や、とくに朝から使うことに抵抗感を抱く人もいるので、相手や状況によって使い分けましょう。なお、「お疲れさまです」とほぼ同じ意味の「ご苦労さまです」は、メールに限らず目上の人に対して使うのは失礼とされているので要注意。会社によっては、「社内メールではあいさつ不要」としている場合もあります。

※以下、（　）内の語は省略可、［　］内の語は言い換え例です。

▶基本的なあいさつ

・お世話になっております。

・いつも（大変）お世話になっております。

▶丁寧なあいさつ

・いつも格別のお引き立てを賜り、厚く御礼申し上げます。

・平素より格別のご高配［ご愛顧］をいただき、心より御

礼申し上げます。

・いつもお心遣いをいただき、誠にありがとうございます。

▶具体的なお礼を兼ねたあいさつ

・先日は［このたびは］○○の件で大変お世話になりました。

・その節は○○の機会をいただき、誠にありがとうございました。

▶基本的なあいさつ（社内メール）

・お疲れさまです。

・おはようございます。

はじめてメールする相手への書き出し

　はじめてメールを送る相手に「お世話になっております」を使うと、「過去に何か関係があった人だっけ？」と相手を混乱させてしまうことも。そのため、はじめての相手に対しては、「はじめまして」など〝お互いにはじめて〟であることがわかる書き出しにしましょう。また、誰かに紹介してもらった場合には、許可を得たうえで「○○様からご紹介いただき〜」などと紹介者の名前を出すと、相手の安心感が増します。

　なお、<u>はじめての相手へメールを送る場合は、あいさ</u>

つのあとに「○○社の○○と申します」「○○商事で○○を担当しております○○です」といった形で必ず自己紹介を記入しましょう。

▶はじめての相手への書き出し

・はじめてご連絡いたします。

・はじめてご連絡を差し上げます。

・はじめまして。突然のメールにて失礼いたします。

・このたびは突然のメールにて失礼いたします。

・○○様からご紹介いただき、はじめてご連絡差し上げます。

・○○様のご紹介でメールを送らせていただきました。

返信するときの書き出し

　返信するときのあいさつのポイントは、「自分がメールを確認したこと」と「メールを送ってくれたことへのお礼」を相手に伝えることです。

　メールを受け取ったことを相手に伝える際には、「拝受しました」と表現すると、より丁寧な印象になります。一方、返信が遅れてしまった場合は、「ご返信が遅くなり申し訳ございません」とお詫びの言葉を添えましょう。

▶**返信するときの書き出し**

・ご連絡いただき、ありがとうございます。

・メールを確かに受け取りました［拝受しました］。

・いただいたメールを確認いたしました。

・ご返信が遅くなり申し訳ございません。

▶**返信メールが届いたときの書き出し**

・ご返信いただき、ありがとうございます。

・早速の［早々の／迅速な］ご返信、誠にありがとうございます。

・迅速にご対応いただき、ありがとうございます。

何度もメールを送る場合の書き出し

　何度も相手にメールを送る場合は、メールの書き出しで、**たびたび相手を煩わせることへのお詫びの気持ちを伝えましょう**。1日のうちに何度もやり取りしているのに、毎回「いつもお世話になっております」という単調な書き出しだと、相手に冷たい印象や、機械的な印象を与えてしまうことがあります。

▶**何度もメールを送る場合の書き出し**

・たびたび（のご連絡）失礼いたします。

・立て続けのご連絡にて失礼いたします。

・何度もメールして（たびたびご連絡いたしまして）申し訳ございません。
・重ねてのご連絡申し訳ございません。
・五月雨式に申し訳ございません。

久しぶりにメールする相手への書き出し

「お久しぶりです」でも問題ありませんが、「ご無沙汰しております」としたほうがより丁寧かつフォーマルです。お世話になった相手に対しては、あいさつのあとに「すっかりご無沙汰いたしまして申し訳ありません」「大変ご無沙汰しておりますが、お変わりありませんか」「心ならずもご連絡を怠り、誠に申し訳ございません」などと、長らく連絡を取らなかったことへのお詫びを添えるといいでしょう。

▶久しぶりにメールする相手への書き出し
・お久しぶりです。いかがお過ごしでしょうか。
・（長らく）ご無沙汰しております。その後いかがお過ごしでしょうか。
・昨年の〇〇以来、大変ご無沙汰しております。
・その節は大変お世話になりました。

年末年始のあいさつを入れた書き出し

　年末の仕事納めや年始の仕事はじめの時期には、「いつもお世話になっております。○○の○○です」といった普段どおりのあいさつと自己紹介の前後に、<u>年末年始のあいさつも添える</u>のが一般的です。

　ただし、相手に不幸があったことを知っている場合は、「おめでとう」などの祝うフレーズは避けましょう。

▶年末（仕事納め）のあいさつ

・貴社 [○○様] には、本年も大変お世話になりました。
・本年も大変お世話になり、感謝申し上げます。
・本年も格別のご厚情を賜り [お引き立てをいただき]、心より御礼申し上げます。

▶年末のあいさつメールへの返信の書き出し

・先ほどは年末のごあいさつをいただき、ありがとうございました。本来であればこちらからごあいさつすべきところ恐縮に存じます。
・ご丁寧に年末年始休業のお知らせをいただき、誠にありがとうございました。

▶年始（仕事はじめ）のあいさつ

・あけましておめでとうございます。旧年中は大変お世

話になり、誠にありがとうございました。

・謹んで新春をお祝い申し上げます。昨年は格別なご高配を賜り［格別のお引き立てをいただき］厚く御礼申し上げます。

季節に合わせた書き出し

　年末年始に限らず、時候のあいさつを入れるとより丁寧でフォーマルな印象になります。時候のあいさつは、基本的にはしばらく連絡をしていなかった相手に使いますが、**暑さや寒さが厳しい時期には、相手の体調への気づかいを伝える**場合にも用います。

　一般的には、「初春」など季節を表す言葉のあとは「〜の候（〜の折、〜のみぎり）」などとし、「貴社ますますご清栄のこととお慶び申し上げます」「皆様お変わりなくお過ごしでしょうか」など相手の活躍を喜ぶ言葉や安否を気づかう言葉を続けます。

▶1月
・初春［厳冬／大寒／寒冷］の候
・厳しい寒さが続いておりますが、いかがお過ごしでしょうか。
・寒中お見舞い申し上げます。

▶2月
・立春［春寒／晩冬／梅花］の候

・春の訪れが待ち遠しい今日この頃、いかがお過ごしでしょうか。
・立春とは名ばかりで厳しい寒さが続いております。

▶3月
・早春［春分／春風／春色］の候
・日ごとに春らしくなってまい

りましたが、いかがお過ごし
でしょうか。
・寒さのなかにも、春の気配を
感じる頃となりました。

▶4月
・春暖[春日／春眠／桜花]の候
・ようやく春めいてまいりまし
た。
・いつの間にか桜の季節となり
ましたが、いかがお過ごしで
しょうか。

▶5月
・晩春[立夏／薫風／新緑]の候
・青葉が美しい季節となりまし
た。
・穏やかで過ごしやすい季節と
なりましたが、お変わりあり
ませんか。

▶6月
・入梅[梅雨／初夏／深緑]の候
・雨降りの日が続きますが、お
変わりなくお過ごしでしょう
か。
・梅雨明けが待ち遠しい今日こ
の頃ですが、いかがお過ごし
でしょうか。

▶7月
・酷暑[猛暑／盛夏／炎暑]の候
・厳しい暑さが続いております
が、いかがお過ごしでしょう
か。
・暑中お見舞い申し上げます。

▶8月
・残暑[晩夏／処暑／秋暑]の候
・暑い日が続いておりますが、
お元気にお過ごしでしょうか。
・残暑お見舞い申し上げます。

▶9月
・初秋[秋色／秋分／清涼]の候
・秋らしく過ごしやすい季節と
なってまいりました。

▶10月
・秋涼[秋冷／紅葉／寒露]の候
・秋の深まりを感じる季節とな
りました。

▶11月
・晩秋[落葉／初冬／立冬]の候
・冬の前触れを感じる季節にな
りました。
・日増しに寒さが増してきまし
た。

▶12月
・師走[寒冷／冬至／厳寒]の候
・何かと気ぜわしい季節となり
ましたが、いかがお過ごしで
しょうか。
・今年も残すところあとわずか
となりました。

結びのあいさつで
きちんと締める

結びの言葉で丁寧で親切な印象を与える

■結びのあいさつ文で印象アップ

　用件だけ書いて、<u>結びのあいさつを入れずに文章を終わらせると、「丁寧さに欠ける」「そっけない」「失礼」といった印象を相手に与えてしまいます</u>。そのため、最後は「よろしくお願いいたします」などのあいさつ文で結びましょう。

　メールの内容や相手に応じて、結びで「お目にかかれるのを楽しみにしております」「ご検討のほどよろしくお願いいたします」などと変化をつけると、相手の印象にも残りやすくなります。

　また、相手からの返信を望んでいないときには、最後に「なお、ご返信は不要です」などと書き添えておくと親切です。

結びで「取り急ぎ」という言葉を使うと、忙しくあわてている印象を与えるうえ、失礼と感じる人もいるので、代わりに「まずは」を使うとよいでしょう

基本的な「結び」のあいさつ

　もっともスタンダードな結びのあいさつは「よろしくお願いいたします」ですが、この言葉だけだと、相手は「何をお願いされたのか」がわかりません。そのため、相手に対して「確認」「検討」「回答」など何かしらの行動を期待している場合には、その前に、「ご確認いただけますと幸いです」「○○をご検討ください」などと、相手の行動をうながす具体的な言葉も添えましょう。また、結びに「相手を気づかうひと言」を入れると、より好印象に。

▶基本的な結びのあいさつ

・よろしくお願いいたします。

・（どうぞ／何卒）よろしくお願い申し上げます。

・引き続きよろしくお願いいたします。

・今後ともよろしくお願いいたします。

▶より丁寧な結びのあいさつ

・今後とも、ご指導ご鞭撻のほどよろしくお願い申し上げます。

・今後も変わらぬご厚誼を賜りますようお願い申し上げます。

▶相手を気づかう結びのあいさつ

・お体にはお気をつけください。

・時節柄［寒さも厳しい折／季節の変わり目につき］、
　くれぐれもご自愛ください。

・末筆ながら、〇〇様のますますのご健康をお祈りいた
　しております。

・楽しい週末をお過ごしください。

・今夜はゆっくりお休みください。

・〇〇様にもくれぐれもよろしくお伝えください。

▶相手の繁栄を祈る結びのあいさつ

（メールのやり取りが少ない場合の結び）

・〇〇様のますますのご活躍を心よりお祈りいたします。

・末筆ながら、貴社のより一層のご隆盛［ご発展／ご繁
　栄］を祈念いたします。

返事をするときの結び

　相手からの問い合わせなどに返事をするときには、質
問への回答であることがわかるよう、「以上、ご回答申
し上げます」といった結びの言葉を入れましょう。また、
相手からの回答が欲しいときには、「ご返信をお待ちし
ております」などと文の最後で返信を望んでいることを
伝え、希望する期日がある場合は日付も明記しましょう。

▶ **回答するときの結び**

・以上、ご回答申し上げます。

・以上、ご説明［ご返事］申し上げます。

▶ **回答が欲しいときの結び**

・ご連絡［ご回答］をお待ちしております。

・ご連絡［ご回答］いただきますようお願い申し上げます。

・ご教示いただけますと幸いです。

・お手数をおかけしますが、ご一報いただけますと幸い
　です。

・ご多忙中恐れ入りますが、ご回答いただけますと大変
　助かります。

・ご確認のうえ、○月○日までにご回答いただきますよ
　うお願いいたします。

お願いをするときの結び

　お願いとは「相手に負担をかける」ことでもあるので、
なるべく柔らかく丁寧な表現を心がけましょう。

　お願いの言葉の前には「ご多忙のところ恐れ入りますが」
「大変ご無理を申し上げて恐縮でございますが」といった
クッション言葉（312ページ参照）を入れると相手への気
づかいや配慮が伝わり、印象も柔らかくなります。

▶お願いをするときの結び

・よろしく［伏して／切に］お願い申し上げます。

・ご検討［ご確認／ご対応／ご協力／ご査収］のほど、
　（何卒）よろしくお願い申し上げます。

・○○していただけますと大変助かります。

・○○くださいますようお願いいたします。

・ご一考［ご検討］いただけますと幸いです。

感謝・お礼をするときの結び

　相手との信頼関係を築くためには、感謝やお礼の気持
ちを適切な言葉で伝える必要があります。「ありがとう
ございます」のひと言で終わらせずに、「○○してくだ
さり、お礼の言葉もありません。心より感謝申し上げま
す」などと具体的に気持ちを書き表すことで、誠実さや
深いお礼の気持ちが相手に届き、より深い関係性を築く
ことができます。

▶感謝・お礼をするときの結び

・誠にありがとうございました。

・（深く／心より）感謝申し上げます。

・厚く御礼申し上げます。

・ご厚情を賜り、誠にありがとうございます。

謝罪・お詫びをするときの結び

　<u>謝罪やお詫びをするときには、注意深くフレーズを選ぶ必要があります</u>。とくに取引先などに謝罪する場合は、自分1人の問題ではなく、企業や組織を背負っているという自覚を持ちましょう。

　大きなミスやトラブルがあった際には、まずは直接出向くか、遠方の相手であれば電話で謝罪すべきですが、それができない場合には、なるべく早くメールで謝罪します。その際、結びで「メールでの謝罪」であることのお詫びも添えましょう。

▶謝罪・お詫びをするときの結び

・（深く／謹んで／心より／重ねて／幾重にも）お詫び申し上げます。

・多大なご迷惑をおかけし、誠に申し訳ございませんでした。

・ご迷惑をおかけしましたことを深く反省しております。

・何卒ご容赦くださいますよう、お願い申し上げます。

・ご理解のうえ、ご容赦くださいますよう平にお願い申し上げます。

・本来なら直接伺いお詫びすべきところ大変恐れ入りますが、まずはメールにてお詫び申し上げます。

断るときの結び

　相手からの依頼を断る際は、良好な関係を崩さないよう慎重に言葉を選ぶ必要があります。また、相手が「せっかくお願いしたのに断られた」などと悪い印象を抱かないよう、<u>結びでしっかり相手を立てる</u>ようにしましょう。「またの機会がございましたら」「今後ともどうぞよろしくお願いします」といった〝次へつなげる言葉〟を入れるのも効果的です。

▶断るときの結び

・ご期待に添えず恐れ入りますが、今後ともどうぞよろしくお願い申し上げます。

・ご寛恕[ご容赦]くださいますようお願い申し上げます。

・今回は承ることができず申し訳ございません。ご了承くださいますようお願い申し上げます。

・またの機会がございましたら、ご検討のほどよろしくお願いいたします。

年末年始のあいさつを入れた結び

　仕事納めや仕事はじめのあいさつは、翌年以降も相手とよい関係を継続するための大切な業務の1つ。年末年始は寒い季節なので、<u>結びで体調を気づかうひと言を入</u>

<u>れる</u>とよいでしょう。結びの言葉の前に「メールにて恐縮ですが、以上をもって年末（年始）のごあいさつとさせていただきます」などと書き加えると、より丁寧な印象になります。

▶年末（仕事納め）に送るメールの結び

・来年も本年同様、変わらぬご愛顧のほど、よろしくお願い申し上げます。

・年末でお忙しい時期かと存じますが、お体に気をつけて、どうぞよいお年をお過ごしください。

・本年も大変お世話になりました。どうぞよいお年をお迎えください。

▶年始（仕事はじめ）のメールの結び

・本年もどうぞ［何卒］よろしくお願い申し上げます。

・本年もご指導ご鞭撻のほど、よろしくお願い申し上げます。

・本年もご厚誼［変わらぬご愛顧］のほど、よろしくお願い申し上げます。

社内の同僚や部下宛であれば、年末は「よいお年をお迎えください」、年始は「あけましておめでとうございます」だけでもOK。ただし、気づかいのひと言を添えることで、よりよい関係が築けることも

季節に合わせた結び

<u>「書き出し」と同様に、「結び」にも時候のあいさつを入れると丁寧でフォーマルな印象になります。</u>日本には古くから「暑中見舞い」や「寒中見舞い」など季節ごとにあいさつ状を送る文化があります。わざわざ予算と時間をかけてそこまでせずとも、結びに「まだまだ寒い日が続きますが」などと時候のあいさつを入れ、続けて「くれぐれもご自愛ください」「ご健康とご活躍をお祈りいたします」などと気づかいの言葉を添えることで、温かみを感じられるメール文になります。

▶1月
・厳冬の折、ご自愛ください。
・厳しい寒さが続いていますが、くれぐれもお体に気をつけてお過ごしください。

▶2月
・まだまだ寒い日が続きますが、くれぐれもご自愛ください。
・長い冬も終わりに近づいています。ご健康とご活躍を心よりお祈り申し上げます。

▶3月
・春とはいえまだまだ肌寒い日が続いています。くれぐれもご自愛ください。

・新年度前のお忙しい時期かと存じますが、何卒よろしくお願いいたします。

▶4月
・花冷えの季節でございます。お体には十分に気をつけてお過ごしください。
・新年度を迎え何かとお忙しいことと存じますが、どうぞよろしくお願いいたします。

▶5月
・風薫る五月、どうぞお健やかにお過ごしください。
・梅雨入りも間近でございます。何卒お体をおいといください。

▶6月

・梅雨明けが待ち遠しい今日この頃ですが、どうぞお健やかにお過ごしください。

・長雨の折、くれぐれもご自愛ください。

▶7月

・暑さ厳しき折、○○様の健康を心よりお祈り申し上げます。

・暑い日が続きますが、お体に気をつけてお過ごしください。

▶8月

・猛暑厳しき折、くれぐれもご自愛ください。

・しばらくは暑さが続くようです。お体には気をつけてお過ごしください。

▶9月

・残暑なお厳しき折、くれぐれもご自愛ください。

・夏の疲れが出やすい時節、何卒お体おいといください。

▶10月

・秋冷の折、くれぐれもご自愛ください。

・朝晩は肌寒くなってきました。お体にお気をつけてお過ごしください。

▶11月

・朝晩の冷え込みが厳しくなりました。くれぐれもご自愛ください。

・師走に向けてご多用のことと存じますが、どうぞお健やかにお過ごしください。

▶12月

・寒い日が続きますが、お体にお気をつけてお過ごしください。

・年の瀬を迎えご多用のことと存じますが、くれぐれもご自愛ください。

季節に合わせた書き出しや結びは、仕事上のやり取りを頻繁にする相手には必要ありません。しかし、「手紙」を書く際にこうした文言を入れると文章の品格が上がるので、覚えておいて損はありません

もったいぶった
「二重否定」を避けよう

▶ ビジネスメールでは明確な表現を

　二重否定とは、「興味がないわけではありません」などと、「否定（興味がない）」と「否定（わけではない）」を重ねて、「肯定（興味がある）」を表す語法のことです。

　二重否定は、断言したくないときやごまかしたいときなどに便利な表現ですが、裏を返せば「あいまい」で「逃げ腰」な表現ともいえます。そのため、明確さを求められるビジネスメールでの使用は、なるべく控えたほうがよいでしょう。

　たとえば、納期の打診を受けた際に「間に合わないこともありません」といった返信をしてしまうと、尋ねた側は「間に合うの？　間に合わないの？　どっちなの？」とイライラしてしまいます。

　とはいえ、「間に合う」と断言できないときもあるでしょう。そんなときは、「あいにく明日の正午までの対応は厳しい状況です。16時までお待ちいただけますと幸いです」などと表現すれば、少なくとも "誠実さ" は伝わります。ごまかさずに、明確かつ誠実に伝えることで、相手からの信頼が得やすくなるのです。

Chapter 3

そのまま使える！
シチュエーション別
メール例文

この章では、さまざまなシチュエーション に適した「メール例文」を紹介します。相手や状況に応じて一部を書き換えるだけで、すぐに「感じのいいメール」が作成できます

※本章では、基本的に「本文（用件）」にあたる
部分のみを例示・解説しています。「書き出し」
と「結び」はChapter 2をご参照ください。

上司への
会議内容の報告

報告する相手のニーズを正しく把握する

昨日、営業先の新規開拓に関する会議を行いました。
以下、その内容についてご報告いたします。

・会議日：10月5日（木）
・議題：営業先の新規開拓について
・決定事項
従来の営業先であるハウスメーカーや施工会社のほか、電設
工事会社への営業も強化する。——①

なお、次回第2回（12日・木）の会議では、メンバー全員が案を
持ち寄り、具体的な営業方法について話し合います。——②

以上、まずはご報告まで。

■ 要点を簡潔にまとめる

　社内での報告メールは、上司が部下の行動や仕事の進捗を把握するうえで非常に重要なものです。<u>もっとも大切なのは、相手が求めている（必要としている）情報を的確に盛り込むこと</u>。どこまで報告するかは、社内の慣習や相手（例文では上司）のスタンスによって変わります。ですから、報告相手のニーズを正しく把握していれば、短い時間で簡潔に書き上げることができます。

①箇条書きを使って簡潔に伝える

箇条書きを使うなど見せ方にも工夫を凝らすことで、概要やポイントを簡潔に伝えることができます。

②今後の予定を書く

報告内容に関連した「次の予定」がある場合は、その予定も記入することで、相手は進捗をイメージしやすくなります。

上司への報告のメールは、<u>社内向けなので長々としたあいさつは不要</u>です。ただし、失礼がないように正しい敬語（296〜307ページ参照）を使うことを心がけましょう

上司への 調査結果の報告

事実を先に伝え、そのあとに意見を書く

新商品「クールソックス」に関するアンケート調査の結果を、下記のとおり報告いたします。

----

(1)実施概要
SNS発信による無料サンプル配布への応募者(女性87名、男性2名)を対象としたWebアンケート
(実施期間:5月10日〜6月9日)——①

(2)アンケート調査結果(複数回答可)
・はき心地に満足(32名)
・自費でも購入したい(25名)
・涼しさは実感したが肌触りが微妙(21名)
・デザインがカジュアルウェアに適さない(18名)
・その他(15名)——②

(3)補足事項・考察
・本商品はビジネス用途を想定していましたが、日常での使用を希望する人も一定数いました。
・デザインにバリエーションを持たせることで、さらに幅広い層にリーチする可能性があります。——③
なお、アンケート結果の詳細は添付資料にまとめました。
ご意見、不明点などありましたら、お知らせください。

■「事実」と「意見」を区別する

　報告のときに注意しなければいけないのが、「事実」と「意見（考察・推測）」を明確に区別して伝えることです。この2つを明確にするためには、それぞれの文章を分け、意見については「〜の可能性があります」「〜と思います」「〜と感じました」などと、意見であることがわかるように書きましょう。

①実施した調査の概要を記入

いつ、どこで、誰を対象に、どのように行った調査なのかの概要を記入することで、相手（上司）が調査の全体像を把握しやすくなります。

②「事実」を先に書く

まず、数字などを交えた「事実」を先に書くことで、報告の説得力が増します。

③事実のあとに「意見」を書く

自分の考えや意見は、事実の報告のあとに記入します。また、調査結果の詳細は、資料としてまとめて添付しましょう。

上司への ミス・トラブルの報告

「ミスの報告」と「原因と対策」はセット

「ホットグラブズ」誤発注と対応についてご報告いたします。

■トラブル発生の経緯
・11月14日(火)午後14時30分頃
私が株式会社テプクロの商品「ホットグラブズ」を注文する際、「15対」のところを、誤って「105対」と入力。

・11月16日(木)午前11時
発注数の誤りに気づいた当社配送センター担当者から電話連絡があり、直ちに株式会社テプクロの担当者に私が電話で連絡し、発注数を訂正。金銭的損害はなし。———①

■トラブル発生の原因と対策
原因は、私の遠視(老眼)による目視確認のミス。対策として遠近両用眼鏡を購入。文章チェックにもより注力いたします。
———②

このたびは私の誤発注でお騒がせしてしまい
誠に申し訳ありませんでした。

■経緯と対策を伝える

　ミスやトラブルの報告をする際は、箇条書きで報告する場合と、文章で報告する場合があります。

　「報告」がメインの場合は、例文のように箇条書きのほうが、相手が状況を把握しやすくなります。

　一方、ミスやトラブルに対する「謝罪」がメインの場合は、経緯を文章で伝えつつ「大変申し訳ございません」「深く反省しております」といったお詫びの文言を折々に入れましょう。いずれの場合も、ミスやトラブルの経緯だけでなく、原因と対策もしっかり伝えましょう。

①社内向けの報告は簡潔に

箇条書きを用いた社内向け報告文では、丁寧さよりも簡潔さやわかりやすさが求められます。そのため、例文のように語尾の「です・ます」は省いたほうが（体言止めを多用したほうが）、文章が簡潔にまとまります。

②「原因」と「対策」を伝える

社内・社外を問わず、ミスやトラブルの報告をする際は、経緯とセットで「原因」と「対策」も伝えます。こうすることで「同じトラブルは二度と起こらないだろう」と相手を安心させることができます。

「報告」の際に使えるフレーズ

■適切なフレーズを使い分けて信頼度アップ

　よく、仕事の基本は「報連相」と称されますが、仕事上のメールで頻繁に使うのが「報告」のフレーズです。日頃の業務はもとより、任命や引き継ぎなど、さまざまな場面でもっとも適したフレーズを使い分けることができれば、上司や取引先からの信頼度もアップします。

※以下、（　）内の語は省略可、[　]内の語は言い換え例です。

▶基本的な「報告」のフレーズ

・以下のとおりご報告[お知らせ／ご連絡／ご案内]いたします。
・進捗をご報告いたします。
・○○について[○○となりましたので]ご報告いたします。
・○○する運びとなりました。
・誠に勝手ながら、○○させていただくことになりました。
・ご報告させていただいた次第です。
・○○を下記日程で行うことになりました。

▶任命（就任）に関する「報告」フレーズ

・○○を担当させていただくことになりました。
・○○の役を仰せつかりました。
・○○を務めさせていただきます。
・○○のご用命を承ることになりました。
・○○を担うこと[運び]となりました。

・○○に選出されました。

▶引き継ぎ（後任の紹介）に関する「報告」フレーズ
・今後は○○が貴社の担当をさせていただきます。
・後任には○○が就任いたしました。
・私同様、ご指導ご鞭撻のほどよろしくお願い申し上げます。

▶移転・異動に関する「報告」フレーズ
・業務拡大[社屋改築]に伴い、下記に移転いたしました[することになりました]。
・○月○日付けで○○に異動となりました。

▶閉鎖・終了・閉店に関する「報告」フレーズ
・○○は(○月○日をもって)閉鎖[終了／閉店]いたします[することに相成りました]。
・誠に勝手ながら[都合により／諸般の事情により／○○に伴う□□により]、△△は◇月◇日をもちまして、終了[閉鎖／閉店]させていただきます。

メールだけだと確認が遅れてしまうことがあるので、重要度の高い報告は、なるべく早い段階で電話でも報告するようにしましょう

上司はあなたにとって
最大の顧客

▶ 仕事の基礎は「社内業務」にある

多くの新入社員にとって、会社の仕事は「社内業務」からはじまります。まだ仕事を覚えていない人間を、組織の代表として、1人で社外に出すわけにはいかないからです。

つまり、会社に入った新人が一人前になるためには、まずは社内業務をとおして「自分に課せられた仕事の意味」をコツコツと学び、理解し、上司の信頼を得なくてはなりません。

あらゆるビジネスで、もっとも大切なものの1つが繰り返し商品やサービスを購入してくれる「リピーター」です。そして、職場における上司は、最大の潜在的リピーターであり顧客なのです。

上司に「次も、この部下に任せたい」と思わせるためには、実力ばかりでなく、「外に出しても恥ずかしくない」と上司に思わせるだけの言葉づかいや振る舞い、知識や経験などが求められます。そして、それらは日常的に上司に送る「報告・連絡・相談」などのビジネスメールに、端的に表れます。

▶ なぜ、上司が「最大の顧客」なのか?

「上司は最大の顧客」と聞くと、「何で?」と疑問に思う人もいるかもしれません。

しかし、考えてみてください。取引先の人があなたを評価するとき、それは「あなたの仕事に対する評価」であると同時に、「あなたが所属する会社への評価」でもあります。つまり、「あなた自身への純粋な評価」ではありません。一方、直属の上司からのあなたへの評価は、「あなたの仕事に対する評価」であり、「あなた自身への純粋な評価」といえます。

そして、取引先にとってあなたは「多くの取引先の中の1人」に過ぎませんが、上司にとってのあなたは、ほかの部下と同様に、一人前に育て上げる義務を負った「教え子」であり、同じ目的や目標を持った「同志」でもあります。つまり、取引先と上司とでは、そもそも関係性やつながりの〝濃さ〟が違うのです。

大きな仕事をしたいのであれば、まずは上司の信頼を得て、「仕事を任せたい」と思わせる人材にならなくてはなりません。そのためには、最初のうちは地味な仕事をコツコツとこなすことも求められますし、当然、「社外の人としっかりやり取りできるメールが書けるか」もチェックされます。まずは「上司は最大の顧客」という視点を持ち、信頼を積み重ねることからはじめましょう。

取引先への
打ち合わせの連絡

複数の情報を伝えるときは箇条書きにする

かねてより日時の調整をお願いしておりました
SNS販促企画のお打ち合わせ日程が決まりましたので、
ご報告いたします。

詳細を以下に記載いたします。

・日時:7月24日(月)15時〜17時
・場所:弊社5階　第3会議室
　弊社地図:http://abcabcabcab.jp/map.html
・内容:(1)マーケティング調査の結果報告
　　　　(2)広告・宣伝方法のご説明
　　　　(3)その他販促案の検討
・ご出席者:貴社　佐久間様、滝川様、柴田様
　　　　　　弊社　穴山、小山田、土屋、諏訪──①

なお、ご不明な点や質問などございましたら、
私、諏訪までお問い合わせいただけますと幸いです。

■全体を把握しやすいようにまとめて記入

　打ち合わせ、視察、展示会、研修、取材など、重要なイベントの連絡をするときは、**相手が全体を把握できるように詳細をまとめて記します。**

　さほど大がかりな打ち合わせでなければ、例文のような簡潔な内容で問題ありません。一方、イベントの重要度が高いときや、はじめての相手とやり取りするときなどは、補足説明を入れたり、詳細をまとめた資料を添付したりするなどして、相手にとってよりわかりやすい案内を心がけるようにしましょう。

①詳細をまとめて箇条書きにする

打ち合わせの詳細は箇条書きにしましょう。詳細については、場所や日時はもちろん、議題、参加者、必要であれば準備すべきものや補足事項など記入し、書き終えたら、情報に漏れがないか改めてチェックしましょう。

相手にはじめて来てもらう場合や、相手にとってはじめての場所に足を運んでもらう場合は、開催場所の位置情報がわかる地図のURLを貼り付けておくと親切です

上司への急な
休暇取得の連絡

短く、簡潔に要点をまとめることを意識する

昨晩、次男が熱性痙攣で救急搬送されました(大事には至っ
ておりません)。——①

申し訳ございませんが、
つきそいのため本日は午前半休を取らせていただきます。
出社は14時を予定しております。——②

なお、不在時に私宛に電話があった場合には、
本日14時以降に連絡する旨をお伝えいただけますと幸いで
す。——③

ご迷惑をおかけいたしますが、
よろしくお願いいたします。

■要点を簡潔に伝える

目的は「相手にわかりやすく情報を伝える」ことです。緊急の連絡事項については、長々と詳細を書き連ねるのではなく、"短く、簡潔に"を意識しましょう。

①連絡すべき情報を簡潔に伝える

例文のような「身内の事情」については、詳細な説明は不要です。状況を簡潔に伝えるのみに留めましょう。

②今後の予定を伝える

この先の予定を簡潔に伝えることで、相手に「今はどんな状況だろう」「いつ出社するのだろう」などと余計な心配をかけずにすみます。

③お願い(対処法)を伝える

「万が一のときの対処法」も伝えておくと、相手はいざというときに対処しやすくなるうえ、相手にかける迷惑も最小限に抑えられます。

> 長々と事情や理由を書き込むのはNG。伝えるべき情報の要点をまとめることに注力しましょう

上司からの指示を同僚に伝える

命令口調を避けて"尋ねる表現"を用いる

前田さんに担当いただいている
当社ホームページのリニューアルについて、
村井課長より、広報室のブログページも開設するようにとの
指示がありました。——①

当初、予定していなかったアイデアですが、
追加していただくことは可能でしょうか。——②
村井課長曰く、現在、広報室が運営しているSNSが好評のた
め、ブログページも開設したいとのことでした。

もし難しいようでしたら、
村井課長もブログに代わる案を考えるとのことでしたので、
遠慮なくおっしゃってください。

指示を伝言するときは、「誰が」「どん
な理由で」「どんなこと」 をお願いし
ているのかがわかるように伝えるこ
とを意識しましょう

■指示を伝えるときは相手を立てる

　上司など、ほかの人からの指示をメールで伝言する場合には、「誰の指示」で「どんな内容か」を明確にする必要があります。指示の内容が、受ける側にとってネガティブな内容だった場合、間に立って伝える自分まで〝上から目線〟ととらえられかねないので、なるべく丁寧に、相手を立てた表現で伝えることを心がけましょう。

①「誰の指示」で「どんな内容か」

誰からの伝言かをわかりやすくするため、最初に「誰が指示したのか」を書きましょう。指示者の名前が文の中盤に埋没してしまうと、誰からの指示なのかが不明瞭になり、混乱を招きます。また、「どんな内容か」を明確に書くことも重要。指示の意図がわかりにくい場合には、「どのような意図でそうするのか」も上司から聞き出して書き加えましょう。

②〝尋ねる表現〟で相手を立てる

「～してください」といった命令口調だと、上から目線ととらえられて相手の反感を招くことも。「可能でしょうか」「できそうでしょうか」といった〝尋ねる表現〟にすると、印象が和らぎます。

複数の相手への お知らせ・業務連絡

期限や期日がある場合は明確に書く

各位——①
お疲れ様です。経理部の小宮です。

16日(月)の全体会議でお伝えいたしましたとおり、
来月より、経費精算をデジタル化します。
新システムでの申請方法のマニュアルを添付いたしました
ので、ご確認をお願いいたします。——②

マニュアルの内容や申請方法に関して不明点がございまし
たら、お気軽にお問い合わせください。

なお、現行の申請書の受付は10月25日(水)にて打ち切りま
すので、お手元にある場合は早めにご提出願います。——③

ご協力をお願いいたします。

社内向けの一斉送信用アドレスがある場合は
問題ありませんが、複数のアドレスを個別に
入力して一斉送信する場合は、誤送信の可能
性が高まります。細心の注意を払いましょう

■業務連絡メールの注意点

　業務連絡を一斉送信するときは、大勢の人に送ることになるため、たとえ社内向けメールであったとしても、書き方やマナーには十分気をつけましょう。

①宛名を「各位」または「○○各位」とする

一斉送信で業務連絡する場合、社内メールであれば、宛名を「各位」「社員各位」「営業部各位」などとすると、個人宛ではなく、一斉送信メールであることがわかりやすくなります（敬称については300ページ参照）。

②相手に「お願いする」スタンスで書く

メールで業務連絡をする場合は、基本的には「相手にお願いする」スタンスで丁寧に書きましょう。

③期限を明確に書く

期限や期日がある場合は明確に伝えます。また、期限に限らず、場所、申し込み方法、金額など、業務連絡として伝えておくべき情報がある場合は、すべて箇条書きにしてまとめて書き込みましょう。

連絡

取引先への不在のお知らせ

長期休暇の場合は代理の担当者を立てる

私事で恐縮ですが、
このたび、休暇を取得することになりましたので、
予定の日時等をご連絡差し上げたくメールいたしました。

・休暇期間：6月19日（月）～6月30日（金）
・不在中の連絡先：業務部　山内豊一
・メール：t-yamauchi@xxxxxxxxxx.co.jp
・電話：000-1111-0000──①

不在中は上記の山内が担当いたしますので、
何かありましたらご連絡いただけますと幸いです。
なお、ご連絡の際は、私のアドレスもCcに入れていただけますと幸いです。──②

なお、休暇明けの出社は7月3日（月）を予定しております。
不在中はご不便をおかけいたしますが、ご理解ご協力を賜りますようお願い申し上げます。

連絡メールの送信前には、情報の不足や誤り、誤字脱字などがないか入念にチェックしましょう

■適切なタイミングでの連絡を

長期休暇を取る際、取引先などの関係者にお知らせメールを送るタイミングは、早すぎても遅すぎてもいけません（目安は10日前～1週間前）。「休暇のお知らせ」など、わかりやすい件名をつけることも大切です。

休暇の連絡をしていても、相手が読んでいなかったり、忘れてしまっていたりすることも。そのため、休暇期間中は不在期間や代理担当者の連絡先などを入力した「自動返信メール」を設定しておくといいでしょう。

連絡

①休暇期間、代理の担当者・連絡先を明記

休暇期間や代理の担当者の名前・連絡先などに間違いがあると相手に迷惑がかかってしまいます。間違いがないかよく確認しましょう。箇条書きを使うと、相手が情報を把握しやすくなります。

②代理の担当者を立てる

休暇中に、業務に支障を来すことがないよう代理の担当者を立て、その担当者の携帯番号など緊急時の連絡先も伝えます。万が一に備えて、Ccに自分のアドレスも入れてもらえるようお願いしておくと、相手は「何かあってもフォローしてもらえる」と感じて安心するはずです。

取引先(顧客)への 値上げの連絡

「お詫び」とともに事情を説明する

さて、このたびはお取引いただいております当社商品「トロピカルすいとん」の価格改定についてご連絡申し上げます。——①

昨今、主要原材料である小麦価格および物流コストの高騰が続いております。——②
弊社でも価格維持のための努力を続けてまいりましたが、従来の価格を維持することが困難となり、下記の価格改定を実施させていただきます。——③

【価格改定の内容】
・商品名:トロピカルすいとん
・料金(卸値):180円→250円(1パッケージ)
・変更日:2025年6月1日

何卒、諸般の事情をご賢察いただき、
ご理解くださいますようお願い申し上げます。

値上げは顧客にとってマイナス情報。やむを得ない事情があったとしても、「お詫び」する姿勢で丁寧に伝えましょう

■「お詫び」と「事情説明」として伝える

　商品やサービスの値上げの連絡は、単なる「通知」ではなく、「お詫び」と「事情説明」として、なるべく丁寧な表現を心がける必要があります。また、自社が価格を据え置くために努力したことも簡潔に説明して、顧客の理解を求めましょう。

①「値上げ」ではなく「価格改定」

「値上げ」である事実は変わりませんが、「価格改定」と表現したほうが、印象が和らぎます。

②「値上げ」の理由を伝える

ただ「値上げする」と伝えるだけでは、顧客はなかなか納得してくれません。やむを得ない事情があることを簡潔に説明し、理解を求めましょう。

③「事情」だけでなく「努力」も伝える

値上げの理由を伝えるだけでなく、値上げを回避するための努力を行ったうえでの「苦渋の決断」であることを伝えて、顧客の理解を求めましょう。

取引先への
受け取りの連絡

受け取りの連絡には「お礼」も添える

「UBUMEリップ」販促資料を拝受しました。
弊社からの細かい要望に沿った内容にまとめていただき、
誠にありがとうございます。――①

8月22日(火)の会議にて
検討させていただきます。

万が一、修正がある場合は、
8月21日(月)の正午までに
お知らせいただけますと幸いです。――②

また、今後の進行については、
8月24日(木)を目途にご連絡差し上げます。――③

まずは御礼まで。

「まずは御礼まで」などと、最後に改め
てお礼の言葉を添えることで、感謝の
気持ちを強調できます

■すぐに返答できない場合は返信期限を伝える

依頼していたものが届いたら、まずは受け取りの連絡とお礼のメールをしましょう。その際、相手が求める結果や回答をすぐに返せない場合は、例文にあるように「返信期限」を伝えましょう。

受け取ったメールの内容が、受け取りの連絡とお礼だけで問題ないものであれば、例文よりも簡潔で短い返信文でも構いません。

①受け取りの「連絡」と「お礼」をする

まずは受け取ったことを伝え、細かい要望に応えてくれたことへのお礼の言葉も添えましょう。

②相手の都合をおもんぱかる

相手の都合も考慮することで、誠実な姿勢が伝わります。

③今後の「予定」と「返信期限」を伝える

今後の予定に関する記述がないと、相手も予定が立てられず、不安を感じてしまいます。すぐに詳細な予定がわからない場合は、目途だけでも伝えるようにしましょう。

取引先への 納期の確認

相手の時間を奪わないよう簡潔に伝える

先日ご相談した「UBUMEコスメ」シリーズの
カタログデザインの納期について確認いたしたく、
ご連絡を差し上げました。

納期は、先日メールでご連絡いただきましたとおり
9月20日(水)という理解で
問題ございませんか。──①

20日に間に合わない場合、
印刷所への事前の連絡と調整が必要になるため、
念のため確認いたしたく存じます。──②

ご多用中に恐れ入りますが、
ご返信いただけますと幸いです。

納期確認は、「相手は忙しい」という前提で送
るもの。そのため、相手に負担をかけないよ
う「(商品名)納期のご確認」などと、ひと目で
メール内容がわかる件名をつけましょう

■進行が見えないときは必ず納期を確認

　納期の遅れは、あらゆる関係者に迷惑をかけてしまいます。そのため、相手への納期の確認メールは非常に大切です。とはいえ、確認メールを受け取る側も多忙の身なので、十分な気づかいが必要。相手の時間を奪わないよう、<u>できるだけ簡潔にわかりやすく伝える</u>ことを意識しましょう。

①「問い詰める」のではなく「尋ねる」

業務の進捗や納期に関する相手からの連絡がなく不安な場合も、「本当に大丈夫でしょうか？」などと問い詰めるのはNG。「問題ございませんか」などと、尋ねる形のソフトな表現を心がけましょう。なお、尋ねる際、文末に「？」を付けると、言葉の印象が強くなりすぎてしまいます。「？」ではなく「。」を打ちましょう。

②確認する「理由」も伝える

なぜ確認が必要なのか明確な理由を伝えることで、「そういう事情なら」と相手の納得度が高まり、結果的に「納期破りのリスク」を下げることができます。

取引先への約束の確認

重要な約束があるときはリマインドメールを送る

加藤先生の取材日が、いよいよ8日(火)に迫ってまいりました。——①

当日は予定どおり、豊玉NGKビルのフロントに9時55分集合でお願いいたします。

豊玉NGKビル(地図)
http://ekotaekikaratoho5fun/map.jp

なお、当日に何かありましたら
以下の私の携帯までご連絡ください。
000-1111-1111——②

当日はよろしくお願いいたします。

例文は短めの文章にしましたが、伝えるべき情報や確認事項などが多い場合は「箇条書き」を用いてもよいでしょう

■大切な約束の前にはリマインドメールを送る

　1回メールをしただけで「あの約束の件は大丈夫」と考えるのはNG。<u>重要な約束や納期があるときは、事前にリマインドメールを送る</u>ようにしましょう。

　とくに、「1カ月以上前に約束をした」といった場合にはリマインドメールが必須。しっかりと念押し確認することでミスを予防できるばかりでなく、相手に「しっかりとした対応ができる人」という印象も与えられます。

①最初に「何の用件か」を示す

最初に「いつ行われる」「何の用件か」を伝えることで、相手は「ああ、あの件か」とすぐに理解でき、スムーズに読み進めることができます。

②外出する用件の場合は携帯番号を伝える

互いに外出して待ち合わせる用件の場合は、電車の遅延や急な体調不良といったトラブルが起こることも想定して、携帯番号を伝えておきましょう。

「連絡」「確認」の際に使えるフレーズ

■仕事を円滑に行うための3つのポイント

　仕事を円滑に行うためには、「連絡」や「確認」のメールがとても重要です。

　とくに連絡メールにおいては「正確さ」と「わかりやすさ」が、そして確認メールではその2つに加えて、相手をイライラさせない「丁寧さ」が求められます。

▶基本的な「連絡・通知」のフレーズ

・○○の件でご連絡いたしました。

・お知らせ[ご連絡／ご通知]いたします[申し上げます]。

・このたび○○することになりました[決定しました]。

・このたび○○する運びとなり[相成り]ました。

・○○をもちまして□□をさせていただきます。

・○○を行いたいため[させていただきたく]、ご連絡いたしました。

▶基本的な「確認」のフレーズ

・ご確認をお願いいたします。

・ご確認のほどよろしくお願いいたします。

・ご確認いただけると[ますと]幸いです。

・念のため、ご確認いただけますか。

・○○について、確認がございます。

・○○について、確認のためメールいたしました。

▶相手の「確認」を求めるフレーズ

・○○でお間違いないでしょうか。

・○○という解釈でよろしいでしょうか。

・○月○日にメールをお送りいたしました。お手元に届いております
　か。

▶相手の意向を問う「確認」のフレーズ

・不備や不明点などございますか。

・○○の場合は、お手数ですがご連絡いただけますか。

▶相手の状況を問う「確認」のフレーズ

・ご確認いただけましたか。

・ご高覧いただけましたか。

・その後いかがでしょうか。

・どのような状況でしょうか。

・○○の進捗はいかがでしょうか。

・○○は届いておりますか。

確認メールを送る際には、「何の用件」に
対して「いつまでに返答が欲しい」のか
を明確に伝えましょう

情報は意味ごとに
まとめて書こう

▶「情報を整理する」方法とは？

　情報が整理されていない文章は、読み手を混乱させます。たとえば、以下の例文はどうでしょうか。

> **NG**　営業は「すればするほどよい」とは限りません。過度な営業活動をすることで、顧客から「頻繁に接触してくるのは、何か裏があるということ？」と思われてしまう可能性があるからです。**弊社が適切な範囲で営業活動を行っているのはそのためです。**なかには、営業が多すぎることで「押し売りではないの？」と疑ってくる人もいます。

　この例文で訴えているのは「営業はすればするほどよいとは限らない」ということであり、その理由は「顧客から何か裏があると思われる」ことと「押し売りをしていると思われる」という2点です。

　しかし、このNG例文では、「2つの理由」（下線部分）を分断する形で「弊社が適切な範囲で営業活動を行っているのはそのためです」という "まとめ"（太字部分）が挟まれています。そのため、非常に読みにくくなって

います。

　以下は、NG例文の読みにくさを解消するため、「2つ
の理由」（下線部分）をまとめた修正文です。

> **Good** 営業は「すればするほどよい」とは限りません。過度
> な営業活動をすることで、顧客から「頻繁に接触し
> てくるのは、何か裏があるということ？」と思われ
> てしまう可能性があるからです。なかには、営業が
> 多すぎることで「押し売りではないの？」と疑ってく
> る人もいます。弊社が適切な範囲で営業活動を行っ
> ているのはそのためです。

　いかがでしょうか？ NG例文と修正文は、文の順番以
外はまったく同じです。しかし、2つの理由を書き終え
てから「まとめ」を書いている修正文のほうが、流れが
スムーズで読みやすいと感じるはずです。

　例文のような「理由」と「まとめ」だけでなく、「課題」
と「解決策」、あるいは「メリット」と「デメリット」、
「利点」と「問題点」といった相反する点を例示する場
合も、それぞれの例を交互にあげるのではなく、まとめ
て書くようにしましょう。

　長い文章になればなるほど、同一情報が散らばること
によるリスク（理解度の低下）が高くなります。メール
文の作成時には、十分に注意しましょう。

直属の上司
への相談

事前にメールで相談内容を説明する

現在担当している稲毛メッセでの展示会について
運送費の問題が発生しているため、
ご相談させていただきたくご連絡いたしました。——①

会場への資材の運送にともなう運送費ですが、
もともと20万円前後を想定していたところ
32万円との見積りでした。——②
ご了承いただけますでしょうか。

外注先のネコマタ運送の担当者曰く、
円安の影響による燃料費の高騰が理由とのことです。

運送費を増額することで、
展示内容の見直しや、現場スタッフの削減などの
検討を要する可能性もあるため、
池田部長のご意見をお伺いしたく存じます。——③

■直接相談する前にメールで一報を

　上司に相談する場合、たとえ上司が普段から気軽に質問に答えてくれる人だったとしても、忙しいなか時間を割いてもらう以上、敬語を使って丁寧に伝えましょう。相談内容が重めのときは、対面での相談も希望してみましょう。その際は、アポイントを兼ねて、事前にメールで相談内容を説明しておきましょう。

①最初に要点を提示する

最初に「○○についてご相談です」などと相談内容を短く簡潔に伝えましょう。そうすることで、上司も要点を把握しやすくなり、相談内容への回答もまとめやすくなります。

②数字を入れて伝える

例文のように「20万円」「32万円」といった具体的な数字が書かれていると、相談された側も状況の把握や判断がしやすくなります。

③詳細を説明する

上司が判断しやすいよう、相談内容の詳細情報も伝えておきましょう。

相談

社内の相手への相談

相手に負担をかけないようポイントを整理する

喫茶スペースの件でご相談があり、
ご連絡いたしました。

先日、マーケティング部内に喫茶スペースを設置したことで
心理的安全性が高まり、業務効率もアップしたとの話を伺い
ました。

そのため、現在、営業部でも喫茶スペースの設置を検討して
います。

つきましては、どのような効果が得られたのかと、実際にど
の程度の予算で喫茶スペースを設置されたのか、お聞かせい
ただけませんでしょうか。
検討材料にしたいと思っております。——①

メールでも構いませんが、もしも対面でお話しできるようで
あれば、ご指定の日時に中川部長のデスクに伺います。
——②

お力をお貸しいただけますと幸いです。

■相談時にはポイントを整理して伝える

　何かしらの相談をメールでする場合には、<u>相談内容の
ポイントを整理して伝える</u>必要があります。また、相談
を持ちかけるということは、「相手の時間をいただく」
ことなので、相手の都合に合わせるなど細やかな心配り
を忘れないようにしましょう。

①相談内容をわかりやすく書く

相談内容（例文の場合は「喫茶スペース設置による効果」
と「設置のための予算」）をわかりやすく記入しましょう。
相談ごとを箇条書きしてもOKですが、その場合は、や
や硬い印象になります。

②相手の希望に合わせる

相談を持ちかける場合は、相手が希望する日時や相談形
式（対面かメールかなど）に合わせるなど、自分の都合
よりも相手の都合を優先しましょう。

相談

相談メールを送るときは、<u>ひと目で内容がわ
かる件名</u>をつけましょう。例文のケースなら
「喫茶スペース設置の件でご相談」など

上司の意見を聞く・
指示を仰ぐ

「どうすればいいですか」はNG

15日のプレゼンで提示する
商品Aに関する参考例データについて
ご相談させていただきたくメールいたしました。——①

現在、原田課長からご指示いただいたとおり
2カ月前に調査した商品Hの売上データを参考例として入れ
ているのですが、
調べましたところ、1年前に調査した商品Xの売上データの
ほうが、
今回の商品Aの参考例としてふさわしいのではないかと感
じました。

理由としましては、
商品Xのデータに、地域別や年代別など、
より細かいデータが含まれている点があげられます。
ほかにも、「ユーザーの購入意図」のデータも取れています。
——②

原田課長のご意見をお伺いいたしたく存じます。

■質問や相談は"相手に丸投げ"しない

上司の意見を尋ねたり指示を仰いだりするときには、その上司にしかわからないことでない限り、「どうすればいいですか」などと"相手に丸投げ"で尋ねるのはNG。自分の意見や、自分なりに考えた対処法を提示することで、多忙な上司の負担を減らしましょう。

①まずは何の相談かを伝える

「〜についてご相談があります」のように、メールの頭で何の相談かわかるようにしましょう。わかりやすい「件名」をつけることも大切です。

②自分が考えた意見や対処法を提示する

明確な理由がある場合は、例文のように1つの意見でもOK。明確な理由がない場合は、自分なりに考えた複数の意見や対処法を箇条書きするとよいでしょう。そうすれば、上司はその選択肢の中から適切なものを選ぶだけ、という負担の軽い対処で済ませることができます。

相談

相談ごとを丸投げしてしまうと、相手は一から状況を確認し、考えなくてはなりません。常に"相手の負担を減らす尋ね方"を意識しましょう

取引先への
打ち合わせの依頼

「何の打ち合わせか」を明確に示す

先日はお忙しい中、お時間をいただき
誠にありがとうございました。

12月に開催するデジタル化講習会について、
一度、打ち合わせをお願いいたしたく存じます。──①

つきましては、下記の日程でご都合のよい日を
お知らせいただけますと幸いです。

・10月2日(月)14時〜17時
・10月4日(水)15時〜17時
・10月5日(木)午前中(9時〜正午)──②

当日は貴社に伺いたく存じます。
もちろん、上記以外の日程や場所でも問題ございません。
その際は、いくつか日時や場所のご希望をお知らせ願います。

■打ち合わせの依頼時には候補日をあげる

打ち合わせの依頼をする際は、候補日をピックアップ
して相手に伝えるのが一般的です。ただし、そもそも打
ち合わせをするという同意が取れていない段階で日程を
提示するのはNG。その場合は、まずは「打ち合わせを
お願いしたいのですが、ご都合はいかがでしょうか」「お
時間を頂戴し、お話を伺うことは可能でしょうか」など
と問い合わせましょう。

①先に「何の打ち合わせか」を伝える

あえて書かなくても「何の打ち合わせか」が確実にわか
る相手であれば別ですが、そうでない場合は、メール冒
頭で用件を明確に示しましょう。いきなり「打ち合わせ
できますか」だけだと、相手は「何で？」と困惑してし
まいます。

②複数の候補日を提示する

「○月第○週の午後」のような、ざっくりした表現では
なく、例文のように、具体的な日程を提案するようにし
ましょう。また、「勝手ながら○日と○日は私の都合が
つきません」のように自分の都合が悪い日を伝えておく
と、日程調整のためにやり取りする回数を減らせます。

依頼・問い合わせ・指示

取引先への日程変更の依頼

まずは電話で謝罪してからメールを送る

今月10日にお願いしておりました打ち合わせですが、
延期させていただきたくご連絡いたしました。
提出予定のデータが10日までに手元に届かないことが判明
したためです。誠に申し訳ございません。——①

つきましては、こちらの都合で大変恐縮ですが、
以下いずれかの日程に変更いただくことは可能でしょうか。

・11月13日(月)10時〜11時
・11月14日(火)15時〜16時
・11月16日(木)14時〜15時

上記の日程が難しい場合は、
金森様のご都合のよい日をお知らせいただけますと幸いで
す。——②

日時の提案も"箇条書き"にする
とわかりやすくなります

■予定変更はなるべく早く相手に伝える

打ち合わせなどの予定変更が必要になった場合には、なるべく早い段階で相手に電話で謝罪し、改めて日程調整のメールを送るのが一般的。

ただし、最近は電話を嫌う人も増えてきています。相手が電話を嫌っている場合は、メールで丁重にお詫びを伝え、日程の調整を依頼しましょう。

その際、「本来は電話でご相談すべき件ですが、ご迷惑を避けるため控えました」などとひと言添えると、より丁寧な印象になります。

なお、理由はどうあれ相手に迷惑をかけている状態のため、「リスケできますか」といった略語や軽く聞こえる表現は避けましょう。

①変更の理由を伝え、お詫びする

理由なく変更の申し出をすると、相手は「軽んじられている」と感じてしまう場合も。やむを得ない理由があることを伝え、あわせてお詫びしましょう。

②相手の都合に配慮する

提案した日程では相手の都合がつかない可能性も考慮し、相手の都合に合わせる旨も伝えましょう。

取引先への
見積り依頼

見積りは期限を明記して依頼する

現在、弊社では貴社にてお取り扱いの
コーヒーメーカーの導入を検討しております。

つきましては、以下の内容で見積書を
お送りいただけませんでしょうか。

〈見積り内容〉
・製品名：オフィス応援団淹れるくん
・製品番号：DG5963
・台数：2台——①

導入の際の費用に加えて、
月々の運用代のお見積りもお願いいたします。

来週の会議で導入の検討をしたいため、
5月31日(水)までに見積書をPDFファイルにて
お送りいただくことは可能でしょうか。——②

■見積り依頼はメールで行う

　見積り依頼は、電話ではなくメールで行うのが一般的です。メールであれば商品名や金額などを正確に伝えられるうえ、送信日時などの履歴も残せるからです。また、はじめて連絡する相手や会社に見積りをお願いする場合は、どこで商品やサービスの情報を得たのかも書き添えておくと親切です。

①見積り内容を明記

なるべく詳細に、見積り内容を明記します。内容が間違っていると相手に余計な手間をかけてしまうので、可能な限り細かく伝えましょう。

②期限を設定する

期限が設定されていないと、対応の優先度を下げられてしまう場合も。期限を明記したうえで、「お送りいただくことは可能でしょうか」「お送りいただけませんでしょうか」などと相手への気づかいが伝わる〝尋ねる表現〟で問い合わせましょう。

予算が決まっている場合は、見積りを依頼する際に伝えておくと、相手も見積りしやすくなります

取引先への発注・業務依頼

"お伺いを立てる"イメージで依頼する

お仕事のご相談があり、
ご連絡を差し上げました。

弊社では、今年7月に新商品「ぬりかベグミ」の発売を予定しております。
この新商品の販促施策として
主要SNSでショートムービーを公開する予定です。

つきましては、6月下旬の発信に向けた、
ショートムービーの制作をお願いできませんでしょうか。
——①

ご多忙のところ恐れ入りますが、
まずはご検討いただけますと幸いです。——②

業務などの発注や依頼をする際は、
"詳しく"されど"簡潔に"を意識しましょう

■まずは〝お伺いを立てる〟イメージで伝える

　仕事の依頼をする際には、内容を明確に伝える必要があります。また、最初の依頼段階で「○○をお願いします」と書いてしまうと、相手は「まだやるとは言っていないのに、こっちが受注する前提なの？」と不快に感じることもあります。したがって、初回の依頼時には「ご検討いただけますか」などと、お伺いを立てるイメージで伝えましょう。

①依頼内容の説明

依頼内容はある程度詳しく書いておいたほうが、相手は検討がしやすくなります。ただし、説明が長すぎても要点がぼやけてしまいます。簡潔な説明を心がけましょう。

②まずは検討してもらう

「ご多忙のところ恐れ入りますが」のような相手への気づかいの言葉を交えつつ、検討してもらいたい旨を伝えましょう。相手に見積りや打ち合わせを希望する場合は、その旨も書き添えて。回答期限がある場合は、期限を明記することもお忘れなく。

依頼・問い合わせ・指示

取引先への
照会・問い合わせ

相手を気づかいつつ"万が一"にも備える

おかげ様で貴社の業務用扇風機「KAMAITACHI」の売れ行きが好調です。

つきましては、下記の数量、納期で、追加注文をお願いしたく存じます。

商品名：KAMAITACHI（型番3776）
数量：10台
納期：6月20日（火）──①

なお、在庫切れの場合は、最短で入荷可能な時期をご教示いただけると助かります。──②

お忙しいところ誠に恐れ入りますが、
ご確認いただけますと幸いです。

どうぞよろしくお願いいたします。

■必要な情報を漏らさず、明確に伝える

　注文や照会メールのポイントは、相手が必要な情報（商品名、数量、納期など）を漏らさず、明確に示すことです。情報が抜け落ちていると、発注側も受注側も確認などの余計な手間が増えてしまいます。また、注文や照会をする際には、「お忙しいところ恐れ入りますが」などと相手を気づかう言葉を添えると、コミュニケーションが円滑になります。

①問い合わせ内容を明確に示す

商品名や数量、納期などを箇条書きで明記。商品名だけでなく型番も記入することで、勘違いやミスの可能性を減らせます。

②"万が一"に備えて先手を打っておく

例文では在庫切れの場合に備えて「最短で入荷可能な時期」も問い合わせています。このように"万が一"の場合に備えたひと言があると、お互いの手数ややり取りの回数を減らせます。

依頼・問い合わせ・指示

> 注文や照会のメールを送る際は、「こっちはお客なんだから、そっちは答えて当然」といった雰囲気が伝わる文章にならないよう注意しましょう

取引先に確認をお願いする

依頼内容を明確にし、期限を指定する

制作のご依頼をいただいておりました
「UBUMEコスメ」シリーズカタログのデザインデーター式
を以下にアップいたしましたので、
ご確認いただけますと幸いです。

https://tensoukun.jp/download/xxxxxxxxxxxxxxxxx

修正等がございましたら、
お手数ですが、メールもしくはファックスでご送信ください。
———①

可能でしたら、9月18日（金）までにお戻しいただけますと助
かります。———②

色使いによってはファックスでは見
えづらくなるものもあるので、その場
合はメールもしくは郵送・宅配便でお
願いしましょう

■わかりやすい件名でチェック漏れを防ぐ

メールで「確認のお願い」をする際は、<u>依頼したい内容をしっかりと伝えたうえで、回答期限を指定</u>しましょう。また、「○○ご確認のお願い」といったシンプルでわかりやすい件名をつけることで、相手のチェック漏れリスクを減らせます。

確認依頼の目的は、返信をもらうことです。相手に気持ちよく確認してもらうためにも、気づかいある表現を心がけましょう。

①内容によっては実物を送付したほうがよい場合も

例文では転送サービスで確認用データを送っていますが、相手が手書きで修正の指示を書き込むといった場合には、プリントアウトしたものを送ったほうがよい場合も。データと紙のどちらを希望するか、事前に相手の意向を聞いておきましょう。ほんの少しの先回りで、相手に与えるストレスを減らすことができます。

②確認の期限を伝える

確認メールには、必ず返信希望日時（期日）を明記しましょう。

依頼・問い合わせ・指示

取引先に
修正を依頼する

内容や希望をできるだけ具体的に示す

先日は「UBUMEコスメ」カタログの
デザインデータをお送りいただきまして
誠にありがとうございました。

お手数ですが、以下2点の修正につき
ご対応いただくことは可能でしょうか。

【修正箇所】
(1) 3ページ「侘び寂びグロス」の写真差し替え(※差し替え
写真は添付データをご使用ください)
(2) 4ページ「侘び寂びファンデ」内容量を修正
「30g→35g」——①

なお、上記修正を書き入れたスキャンデータも添付いたしま
したので、あわせてご確認ください。——②

こちらの都合で大変恐縮ですが、
明日から出張で確認が難しくなるため、修正は本日中にお願
いできますと幸いです。
難しい場合はご相談させてください。——③

■依頼の際は問いかけ型の表現を用いる

　修正を依頼する際に伝わらない書き方をしてしまうと、相手に二度手間をかけてしまいます。したがって、内容や希望をできるだけ具体的に示しましょう。依頼のメールでは、「〇〇していただくことは可能でしょうか」などと問いかけ型の表現を用いると、柔らかい印象になります。

①修正箇所は箇条書きにする

修正箇所は、箇条書きにすることで情報が整理され（視認性も高まり）、相手が受け取りやすくなります。

②修正を書き込んだスキャンデータを添える

箇条書きで十分わかる場合は不要ですが、相手にとってわかりにくい可能性がある場合は、念のため修正箇所のスキャンデータなども添付しておくと親切。

③相手の都合をおもんぱかる

性急な依頼を一方的に伝えるのはNG。「こちらの都合で大変恐縮ですが」などと詫びつつ、「難しい場合はご相談させてください」というふうに相手の都合をおもんぱかった一文を添えると印象が和らぎます。

取引先への
急ぎの依頼

急ぎのときこそ冷静に、相手に配慮して伝える

突然のお願いで恐縮ですが、
急遽、「天狗マカロン」のパッケージサンプルが必要になりました。——①

ご多忙とは存じますが、明日の14時までに
仕上げていただくことは可能でしょうか。——②

性急なお願いであることは重々承知しておりますが、
お力添えいただけますと幸いです。——③

急ぎの依頼は「自分の都合を押しつけること」でもあります。そのため、相手の都合や気持ちに十分配慮した伝え方を心がけましょう

■急なお願いは"お伺いの形"で伝える

　急なお願いのメールをするときは、焦りの気持ちが文面に表れてしまいがちです。焦っているときこそ落ち着いて、相手の気持ちに配慮した文章で伝える必要があります。相手に断る選択肢がないとしても、「お力添えいただけますと幸いです」などと"お伺いの形"を取ることで、相手も気持ちよく引き受けることができます。

①恐縮する姿勢を示す

まずは「急なお願いで申し訳ない」という気持ちを伝えたうえで、用件を切り出しましょう。

②相手への配慮を忘れない

「ご多忙とは存じますが」と相手への配慮を示しつつ、「○○いただくことは可能でしょうか」と"お伺いの形"を示すことで、印象が柔らかくなります。

③「迷惑な要望」という自覚があることを示す

忙しい身にとって、急なお願いは大変迷惑なものです。「勝手なお願いであることは〜」「性急なお願いにて恐縮ですが〜」などと迷惑をかけている自覚があることを示すと、相手の気持ちも和らぎます。

依頼・問い合わせ・指示

はじめての相手への依頼（取引先の場合）

誠実さや謙虚さを文章で伝える

突然のメールにて失礼いたします。——①
株式会社アイヨツ・営業部の丸山権太と申します。

弊社は、板橋区に拠点を置く広告制作会社です。——②

先日、貴社ホームページを拝見いたしまして、
弊社が提供する「SNS×動画連動広告」が、貴社が展開する教育コンテンツ事業のお役に立てると存じ、不躾ながらご連絡いたしました。——③

弊社制作実績をまとめた資料を添付いたしました。

もし、ご興味をお持ちいただけましたら、
一度貴社へ伺いたく存じます。
以下署名に記載した連絡先宛に
ご連絡いただけますと幸いです。

■ メール文が送り手の「第一印象」を決める

近年は、メールでの依頼や問い合わせ、営業などが当たり前になりつつあります。それだけに、**受け手の「第一印象」を損ねない文面が必須です**。避けるべきは「使い回すことを目的に書かれたコピペ文面」です。個別に書いたメールであることがわかるよう工夫しましょう。

①突然のメールを詫びる

知らない相手からの連絡には、誰しも警戒するものです。まずは突然のメールであることを詫びて、誠実さを示しましょう。例文の「突然のメールにて〜」のほか、「はじめてご連絡いたします」という伝え方でもよいでしょう。

②自分が何者かを伝える

「送信者はどんな人なのか」がわからないと、相手は安心してメール内容を検討することができません。

③連絡した理由を伝える

「共通の知り合いに紹介してもらった」のように、連絡した理由や経路を説明すると、受信者の警戒心が和らぎます。なお、文面内に〝使いまわし〟ではない形跡（＝個別に書いた形跡）を残すことも重要です。

依頼・問い合わせ・指示

はじめての相手への依頼（個人の場合）

相手の「自己重要感」を満たす伝え方をする

■ まずは「自分は何者か」を伝える

個人にはじめて連絡する場合も、まずは「自分は何者か」をしっかりと伝えましょう。また、個人に依頼する場合は、相手の自己重要感を満たすアプローチも有効。円滑なコミュニケーションにつながりやすくなります。

①謙虚さと誠実さを示す

「突然のメール」を詫び、「不躾ながら」とへりくだることで、誠実さと謙虚さを示します。

②相手の自己重要感を満たす

例文では、相手の著書を読み、それに感銘を受けたこと、さらに「綾川先生のご経験と達見こそが弊社社員に必要」と相手の自己重要感を満たし、快諾したくなる言葉を尽くしています。

綾川五郎先生

はじめてご連絡させていただきます。
株式会社マウスマンの小野川喜郎と申します。
突然のメールで失礼いたします。——①

弊社はWebマーケティング支援を展開している会社です。
（弊社HP：http://xxxxxxxxxxxxxxxx.co.jp）
弊社では年に一度、外部講師をお招きして、ビジネススキル
向上を目的とした社内研修を行っております。

つきましては、綾川先生に「最新ブランディング論」のご講義
をお願いいたしたくご連絡差し上げました。

先日、綾川先生の新著『ブランド戦略最前線』を拝読し、深い
感銘を受けました。
綾川先生のご経験と達見こそが弊社社員に必要と感じ、まず
はご連絡いたした次第です。——②

不躾ながら、下記の条件にて可否をご検討いただけますと幸
いです。

場所：東京都港区赤山（弊社内会議室）
時期：4〜5月の平日（午後）
時間：2〜3時間
参加人数：約60名
講師料：10万円（交通費別）

依頼・問い合わせ・指示

部下への指示

肯定的な表現で部下への期待を示す

新規案件に関するお願いです。

本日、床山コーポレーションの明石様より、
新商品「雪女アイス」の販促施策の依頼がありました(資料を
添付しています)。
受注費は500万円(予定)です。——①

そこで、各人、今週中に販促案のアイデアを提出
してください。
詳細は来週の企画会議で話し合いますので、
メモ書き程度のアイデアレベルで構いません。——②
目新しく魅力的なアイデアを期待しています。——③

不明な点がありましたら、気軽に声をかけてください。

部下に指示するときも、「○月○日
の○時まで」「今週中」などと期限
を明記しましょう

■部下を鼓舞する伝え方

　指示を出すときは、「具体的」かつ「肯定的」な表現を意識しましょう。そうすることで、部下が課題を把握しやすくなり、また、やる気も高まりやすくなります。なお、返信を必要とする指示をする際には、相手に必ず期限も伝えるようにしましょう。

①指示の背景を説明する

ただ「○○するように」と伝えるだけでは、部下は課題のイメージがつかめません。課題に取り組むうえで必要な情報（背景や前提、条件など）を具体的に伝えましょう。

②具体的に指示する

どの程度の労力をかけるべき課題かを明示しましょう。そうすることで、部下が力を入れすぎてムダに時間を使ったり、反対に提出物が求めるレベルに達していなかったりといった不要なリスクを減らせます。

③肯定的な表現を意識する

「平凡で魅力のないアイデアはいりません」などと否定的な表現を使うと、部下のやる気をそいでしまいます。肯定的な表現で部下への期待を示しましょう。

「依頼」「問い合わせ」の際に使えるフレーズ

■今は「メールでの依頼」は当たり前

　近年は、メールで依頼することが当たり前になってきています。とくに社外の人やはじめての人に依頼する、あるいは、相手にそれなりの負担をかける案件を依頼する際には、丁寧さを心がけるばかりでなく、誠実さや謙虚さが伝わるフレーズを使いましょう。

▶基本的な「依頼」のフレーズ

- よろしく[何卒／伏して／切に]お願い申し上げます。
- お願いできれば幸いです。
- お願いしたく存じます。
- 折り入ってお願いがございます。

▶お願いの形で「依頼」するフレーズ

- ○○いただけないでしょうか。
- ○○くださいますようお願いいたします。
- ○○をお願いできないでしょうか。
- ○○していただけますと助かります。
- ○○していただきたいのですが、お願いできませんでしょうか。
- ○○をご検討いただけないでしょうか。
- ○○いただくことは可能でしょうか。

▶「相手を必要としている」ことを伝えるフレーズ

・お頼みできるのは○○様だけです。

・○○様をおいて、ほかにお願いできる方はおりません。

・○○様のお力をお貸しいただきたく～

▶基本的な「問い合わせ」のフレーズ

・お問い合わせいたします[申し上げます]。

・○○について、お伺いします[申し上げます]。

・○○について、お尋ねいたします[申し上げます]。

・ご教示[お教え／お聞かせ]いただきたく存じます。

・○○の件でご照会申し上げます。

▶相手に確認する際の「問い合わせ」のフレーズ

・○○について確認したい点がございます。

・○○について確認させていただきたく～

・○○について把握したく～

▶返事をうながす「問い合わせ」のフレーズ

・ご返事をいただきたくお願い申し上げます。

・ご回答をいただけると誠にありがたい次第です。

・ご一報くださいますようお願い申し上げます。

・ご善処いただきたくお願い申し上げます。

依頼・問い合わせ・指示

相手に何かをお願いするときは、丁寧さや誠実さだけでなく、〝品のあるフレーズ〟を使うように心がけましょう

仕事で書く文章は
具体的な表現を心がける

▶ あいまいな表現は相手をイライラさせる

メールに限らず、仕事で文章を書くときには、「あいまいな表現」を避ける必要があります。

たとえば、もしあなたが「早めにお越しください」といわれたら、何分前に行けばいいと解釈するでしょうか。「30分前」「15分前」「5分前」など、人によって解釈はバラバラなはずです。こうした「あいまいな表現」は、誤解やトラブルの原因になりかねません。

ほかにも、「すぐに」「ときどき」「かなり」「たくさん」「がっつり」「なるべく」「できれば」「すてきな」「美しい」「いい感じ」「ほどほど」などなど、あげたらキリがないほど、あいまいな表現はたくさんあります。メール文の中にあいまいな表現が使われていると、読み手はイライラやストレスを感じやすくなります。

では、どうすればいいのかというと、答えは単純です。「あいまい」ではなく「具体的」に書くのです。

具体的に書くポイントは、「数字」と「固有名詞」です。「少し早めに」ではなく「10分前に」、「多めに用意してください」ではなく「20個用意してください」、「あの

資料」ではなく「商品Aのプレゼン資料」などと、数字や固有名詞を盛り込むだけで、文章は格段に伝わりやすくなります。

▶「明確さ」と「配慮」のバランスを意識する

メールの結びでよく使われる「よろしくお願いします」という言葉も、使い方によっては相手にあいまいな印象を与えます。

たとえば、「資料を添付しました。よろしくお願いいたします」と伝えても、相手との意思疎通が十分でないと、「〝よろしく〟って、何をすればいいの？」と思われてしまいます。

もしも相手に何かしらの行動を期待しているのであれば、「内容をご確認のうえ、ご意見をいただけますと幸いです。よろしくお願いいたします」などと、具体的に書くようにしましょう。

相手に気持ちよく仕事をしてもらうためには、取引先への依頼であれ、部下や後輩への指示や命令であれ、明確に伝えるだけでなく、言い回しにも配慮する必要があります。

相手の行動をうながすメールを送るときであれば、なおのこと「明確さ」と「配慮」のバランスを意識して、具体的かつ丁寧に書くようにしましょう。

取引先への
案内・招待

感謝の気持ちを伝えつつ丁寧に案内する

■ まずは感謝を伝え、次に箇条書きで案内

案内メールを送る際は、素っ気ない印象にならないよう、メッセージの頭に「平素は格別のご愛顧を賜り、心より御礼申し上げます」などと手紙の書き出しをイメージした感謝の言葉を入れましょう。これだけで、普段よりだいぶ丁寧な印象になります。

①箇条書きで情報を伝える

日時や会場、アクセスなど伝えることが多い案内メールには「箇条書き」が適しています。

②詳細資料も一緒に送信

添付やリンクなどで、会場となる場所がわかる地図や、会場内のブース位置や展示内容などがわかる資料なども同送すると親切です。

平素は格別のご愛顧を賜り、誠にありがとうございます。

このたび、弊社は木場ラージサイトで
4月11日〜14日に開催される「ICT教育展」に
出展する運びとなりました。
当日は、弊社新商品「コンピュー太助」を直接体験していただき、皆様からのご意見を賜りたく存じます。
そのほかに、弊社主力商品である「コンピュー太夫」の導入事例紹介も行います。

つきましては、ぜひとも足をお運びいただきたく、
ご案内申し上げます。

【ICT教育展示会　出展のご案内】

開催日時:4月11日(木)〜14日(日)　10:00〜18:00
会場:東京都江東区木場1-1-1　木場ラージサイト南展示棟
地図:http://kibamediumsite/map.html
アクセス:東京メトロ東西線「木場駅」より徒歩約10分
参加費用:無料——①

※展示ブース位置および展示内容は添付資料をご確認ください。——②

○○様のご来場を心よりお待ちしております。

Web会議への招待

"不慣れな人"への気づかいも忘れずに

このたびはお忙しい中、純国産高級ワイン白蔵主の
ブランドコンセプト会議にご参加いただけるとのこと、
誠にありがとうございます。

以下のとおり、オンラインミーティングの日時が決定しまし
たので、ご案内を差し上げます。
ご確認いただけますと幸いです。

トピック:「白蔵主」ブランドコンセプト会議
時間: 2023年7月7日 01:00 PM 大阪、札幌、東京
参加Zoomミーティング
https://us06web.zoom.us/j/xxxxxxxxxxxxxxxxxxxxxxx
ミーティングID: 000 0000 0000
パスコード: 565656——①

ご不明な点がございましたら、ご連絡いただけますと幸いで
す。——②

当日を楽しみにしております。——③

■ 会議に必要な資料も添付する

　Web会議を行う際は、事前に日時や会議用URLを記載した招待メールを送ります。その際、会議に必要な資料なども添付しておくと親切です。なお、<u>Web会議のツールによっては相手が不慣れな可能性もあります</u>。事前の設定や動作確認が必要な場合は、それらの情報もあわせて伝えておきましょう。

①Web会議用URLを貼り付ける

会議のテーマや日時などは、メールに書き込む形でもよいですが、例文のようにURL発行時に表示されたものをそのまま貼り付けても伝わる場合は、二重に書き込む必要はありません。

②文末に気づかいの言葉を入れる

Web会議に不慣れな人もいるので、「ご不明点があれば～」と気づかいのひと言を入れましょう。

③期待の言葉を添える

「楽しみにしております」などと期待や意気込みを添えると温かみが伝わるうえ、相手も「期待に応えよう」という意気込みが湧きます。

打ち上げへの
お誘い

謙虚で気づかいのこもった案内をする

先日無事に「○○区青塚駅前開発プロジェクト」が完了いたしました。
これもひとえに日頃お世話になっている皆様のご尽力あってのことと存じます。——①

そこで心ばかりではございますが、
プロジェクト関係者を集めた打ち上げを開催することとなりました。——②

ご多用中とは存じますが、
ぜひともご参加いただきたく、ご案内申し上げます。

日時：10月20日（金）　18時〜20時
場所：和風ダイニング玉藻前
（http://shijuhatte.xxxxxxxxxxxxxx.jp）
住所：目黒区赤葉台○-○-○（○○駅から徒歩約5分）
会費：4,000円（税込）※当日徴収いたします。——③

お手数ですが、出欠のお返事を12日（木）までに
萩原までお知らせください。

■丁寧な案内文で参加率を高める

　打ち上げは、絆を深めたり、次の仕事につなげたりするための貴重な機会です。<u>参加率を高めるためにも、謙虚で気づかいのこもった、丁寧な案内文が求められます。</u>ある程度カジュアルな会であればメールでの連絡で問題ありませんが、フォーマルな会の場合は、招待状を封書で郵送しましょう。

①お礼の言葉を書き添える

打ち上げの趣旨を説明したあと、仕事に協力してもらったことへのお礼や労いの言葉を添えましょう。

②打ち上げの開催を伝える

　「心ばかりですが」「ささやかではありますが」といった言葉を添えて謙虚さを示しつつ、打ち上げを開催する旨を伝えます。

③詳細を箇条書きにする

　「箇条書き」は案内や招待のメールの基本。参加者が自分で調べなくてもわかるよう、漏れなく正確に記載しましょう。

「案内」「招待」の際に使えるフレーズ

■相手や状況によって適切な表現を使い分ける

　案内や招待をする際、（そのイベントの）内容や目的はさまざまです。このとき大事なのは、相手や状況によってメール文面の表現を変えること。シチュエーションに応じて最適な表現を用いることで、参加表明率を高めることができます。

▶基本的な「案内」のフレーズ

- ご案内申し上げます。
- ご案内かたがたお誘い申し上げます。
- お待ち申し上げます。
- ご参加お待ちしております。
- お気軽にお越しください。
- ふるってご参加ください。
- ご参加いただければ幸いに存じます。
- ○○様のご参加をお待ちしております。
- お越しいただけることを、一同楽しみにしております。

▶「開催案内」のフレーズ

- ○○を開催いたします[開きます／行います]。
- 開催[実施]すること[運び]となりました。
- 開催いたしたく[開きたく／催したく／実施したく]存じます。
- 開催[実施]いたすことになりました。

・○○の開催が下記のとおり決まりました。

▶参加を呼びかける「案内」のフレーズ

・ご出席[お越し]くださいますようお願い申し上げます。
・ご参加[ご来臨]くださいますよう〜
・ご臨席賜りますよう〜
・ご都合がよろしければ〜
・よろしくご検討のうえ〜
・皆様お誘い合わせのうえ〜
・皆様お揃いで〜
・○○様とどうぞご一緒に〜

▶出欠の返事を求める「案内」フレーズ

・出欠のご返事をいただけますよう〜
・出欠のご都合を〜
・ご参加の諾否を〜
・返信メールにてくださいますよう〜
・ご連絡[お知らせ／お教え]くださいますよう〜

案内や招待のメールは、相手がスケジュール調整できるよう時間的な余裕を持って送るようにしましょう

取引先への
打ち合わせ日程の承諾

よい人間関係を築きたいという意思を示す

ご連絡ありがとうございます。
打ち合わせ日程の件、承知いたしました。

このたびは弊社までお越しいただけるとのこと、
誠に恐縮に存じます。——①

それでは、8月2日(水)16時に
お待ち申し上げております。——②
万一、ご予定の変更などございましたら、
ご一報いただけますと幸いです。

お目にかかれる日を楽しみにしております。——③

必要な場合は、準備しておいてほしいことや持参すべき資料、打ち合わせ場所の詳細なども追記するとよいでしょう

■承諾メールは「ひな型」を用意しておく

　ビジネスシーンでは、依頼や打診、相談に対する承諾のメールを頻繁に返信します。

　承諾メールは、依頼や打診、相談のメールと異なり、似たようなパターンで対応できることが多いため、シチュエーション別にいくつかの「ひな型」を用意しておく（88ページ参照）と便利です。

①来社いただくことへのお礼

相手に来てもらう場合は、時間をかけてわざわざ来社してくれることへのお礼は忘れずに。

②日時を記入する

前段階のやり取りで合意した日時の記載はあるはずですが、お互いに再確認できるよう、改めて日時を記入しましょう。

③人間関係を築くひと言を入れる

仕事上のつき合いといえども、「楽しみにしております」などの言葉を添え、よい人間関係を築きたいという意思を示しましょう。相手に親しみを示すことで、コミュニケーションが円滑になることも珍しくありません。

取引先からの 業務依頼への承諾

まずは依頼に対する感謝の気持ちを表す

このたびは、「USIONIマート」什器制作のご依頼をいただきまして、
誠にありがとうございます。

ご提示いただきました内容・条件にて
喜んでお受けしたく存じます。——①

つきましては、今後の進行についての
打ち合わせの機会をいただけますでしょうか。

日程につきましては、10月5日(木)以降であれば、都合をつけて、貴社に伺うこともできます。
ただし、ご多忙でしたら、オンラインや電話でも問題ありません。——②

それでは、ご連絡をお待ちしております。

■取引先に「了解」はNGなので要注意

　取引先からの業務依頼を承諾する際には、まずは感謝を伝えましょう。ちなみに、承諾する旨を伝えるときに「了解しました」と伝えるのはNG。取引先や上司など目上の人に「了解」という言葉を使うのは失礼とされています。「承りました」や「かしこまりました」で返すとよいでしょう。

①感謝のあとに引き受けることを伝える

引き受けることを伝える表現は、例文の言い方のほか「謹んでお引き受けいたします」「ありがたくお引き受け申し上げます」といった伝え方も。

②依頼主に直接会いたい旨を伝える

お互いにはじめての相手の場合、一度、直接会って話がしたいという人が少なからずいます。多忙や遠方などの理由で直接会いに行くのが難しい場合は、早めにオンラインや電話での打ち合わせを希望する旨を伝えましょう。また、相手に来てもらいたいときは、「ご多忙のところ誠に恐れ入りますが、ご来社（ご足労）いただくことは可能でしょうか」などと、なるべく謙虚に〝お伺いの形〟で尋ねるようにしましょう。

取引先からの
値引き依頼への承諾

重々しい表現で"牽制"することも必要

先日、お問い合わせいただきました
「AKANAMEダスター」のお値引きの件、弊社内で検討させ
ていただきました。

弊社では、原則、値引きには応じない規則があるのですが、
ほかならぬ貴社からのお申し出ということで、
今回は特別に、お値引きさせていただくことにいたしました。
――①

なお、仕入れ値の高騰もあり、
今回の価格が精一杯の線でございます。
何卒お含み置きいただけますと幸いです。――②

まずは承諾のお知らせまで。

■特別な取り計らいであることを伝える

取引先との関係を維持するためには、ときには「値引き」に応じざるを得ない場合もあります。とはいえ、あまり軽く応じてしまうと値引きが〝当たり前〟になってしまうリスクもあります。そのため、値引きの依頼に対する承諾メールを送る際には、丁寧な対応を心がけつつも、「今回は特別に」「今回の価格が精一杯」などと<u>断固としたフレーズも使い、特別な取り計らいであることをしっかりと伝えましょう。</u>

①特別な対応であることを示す

本来であれば「値引き」には応じられないこと、しかしお互いに協力し合う間柄にあることを強調して、「今回だけの特別な対応」であることを伝えます。

②これ以上の「値引き」はない旨を伝える

「今回の値引きは、自社としても精一杯の努力の結果」であることを伝え、相手からそれ以上の交渉がないよう牽制しましょう。「お含み置きください」のような硬めの表現を使うことで、相手も「軽々しい交渉はご法度（はっと）」と悟るはずです。なお、「含み置く」とは、「考慮に入れる」「念頭に置く」といった意味。

「承諾」の際に使えるフレーズ

■相手との関係性も加味して使い分ける

　了承や承諾の返信をするときは、相手との関係性やシチュエーションに応じてフレーズを使い分けることで、円滑にコミュニケーションを取ることができます。また、相手の要求に対して〝不本意ながらも〟承諾する際には、失礼に当たらない範囲でこちら（自分や会社）の「気持ち」や「事情」を伝えるなど、対等な関係を維持する工夫も必要です。

▶基本的な「承諾」のフレーズ

・○○の件、承りました[承知いたしました]。

・○○の件、かしこまりました。

・承諾いたしました。

・ご承諾申し上げます。

▶引き受けるときの「承諾」のフレーズ

・お受け[お引き受け]いたします。

・(喜んで／謹んで／ありがたく)お引き受けいたします。

・(喜んで／謹んで／ありがたく)お受けしたく存じます。

・(喜んで／謹んで／ありがたく)○○させていただきます。

・願ってもないことでございます。

・受諾いたします。

・お安いご用です。

▶不本意ながらも引き受けるときのフレーズ

• やむを得ないご事情、承知いたしました。
• 今回は特別に、この条件でお引き受けいたします。
• 正直、厳しい条件ではございますが〜
• 本来であればお断りする案件ではございますが〜

▶意気込みを示す「承諾」のフレーズ

• お役に立てれば幸いです。
• お力になれれば幸いです。
• 微力ながら[及ばずながら]尽力いたします。
• ご期待に沿うことができれば幸いです。
• 精一杯努力いたします。
• 精進する所存でございます。

▶関係性の強さを強調する「承諾」のフレーズ

• ほかならぬ○○様のご依頼につき〜
• ○○様のご依頼とあれば、お断りする理由はございません。

承諾メールを送るときには、「感謝の気持ち」や「前向きな姿勢」が伝わるような文面や内容を心がけましょう

取引先への
営業メール

相手にとってのベネフィットを提示する

さて、このたびは弊社開発のデジタル校正ツール「めくらべPro」をご利用いただきたく、ご連絡いたしました。

従来のデジタル校正ツールのご利用者様のご意見やご要望を徹底的にリサーチし、
実証実験を繰り返して開発された本ツールは、以下のようなメリットを貴社にご提供いたします。

①専用のパッドとデジタルペンでスムーズな手書き感を実現【書きやすい】
②自動誤字脱字チェック機能により従来の製品と比べて3倍の作業効率化【スピードアップ】
③最初の1カ月は返品送料無料【リスク回避】━━①

価格面は競合ツールよりやや割高ですが、機能面については最上位の製品と自負しております。

誠に勝手ながら、商品資料を添付しておりますので、お目通しいただけますと幸いです。

ご興味があるようでしたら、すぐにサンプルを手配いたします。━━②

■「どれだけ相手の役に立つのか」を示す

営業メールの文面には、ベネフィット（恩恵や利益、お得感）を盛り込む必要があります。売ろうとしている商品が「どれだけ相手の役に立つのか」を示して、興味・感心を引くのです。どんなことを書けば、メールの受け手が「自分（自社）にとってメリットがある」と感じるのかをしっかり把握したうえで、「相手の購入意欲を刺激する言葉」を探しましょう。

①ベネフィットを盛り込む

提供する商品が「どのくらい（なぜ）相手にとって役立つのか」を示して、読み手の興味・関心を引きましょう。

②次の行動をうながす言葉を添える

メールの結びには、例文のような伝え方のほか、「もしご興味があればご連絡ください」などと、相手の次の行動をうながす言葉をさりげなく書き添えましょう。

営業メールでは、単なる「商品の自慢」ではなく、「相手にとって魅力的なベネフィットをどれだけ提示できるか」が勝負です

取引先への
納期交渉メール

「結論」→「理由」→「お詫び」の順に伝える

本日は、「烏天狗マスク」の納期についてご相談があり、ご連絡いたしました。

大変恐縮ではございますが、
9月8日（金）の納期を9月12日（火）に延期していただけないでしょうか。——①

現在、台風の影響で材料の運送に遅れが生じ、
パーツの一部が弊社工場に届いておりません。——②

運送を依頼している業者に問い合わせたところ、
明日朝には弊社工場に搬入予定とのことでして、
弊社としましても、12日には納品できる見込みです。

ご迷惑をおかけして誠に申し訳ございませんが、
何卒ご寛容いただけますようお願い申し上げます。——③

■結論から書き、お詫びの気持ちを伝える

　メール文は結論から伝える（45ページ参照）のが鉄則。納期延期を伝える際も、<u>理由の説明より先に、まずは〝○月○日の納期を○月○日に延期したい〟という結論を書く</u>ようにしましょう。また、やむを得ない事情があったとしても「約束が守れなかった」ことに変わりはないので、お詫びの気持ちもしっかりと伝えましょう。

①まずは納期延期のお願いをする

まずは納期について相談がある旨を伝え、「○月○日から○月○日に延期したい」と、日付け入りで延期の予定を伝えましょう。

②理由を簡潔に伝える

納期の延期を希望する理由を簡潔に書き添えます。この「理由の説明」が長すぎると相手もイライラしてしまうので、事実を短く簡潔に書くことを意識しましょう。

③お詫びの気持ちを伝える

自然災害などが原因でこちらに非がなかったとしても、最初に取り決めた約束が守れなかったことへの「お詫び」の言葉は添えるべきです。

取引先への説得メール

説得の際に"あおる"のは逆効果

先日ご案内いたしましたデジタル校正ツールの件ですが、その後ご検討いただけましたでしょうか。

導入のお勧めをさせていただきましたが、
貴社の方針や予算などもおありかと存じますので無理は申しません。——①
今期のお申し込みが5月31日に迫ってきたため、念のため、ご連絡差し上げた次第です。——②

弊社の計算では、カタログや冊子、資料などの校正の際に紙のプリントアウトが不要になるだけで、
1人あたり、年間で2週間前後の時短効果と10〜15万円のコストダウンが見込めます。——③

また、今期中にご購入いただければ、専用のパッドとデジタルペンを無償提供いたします。

本件について、ご不明点やご要望などあれば、遠慮なくお申し出ください。
もし必要であれば、改めて貴社へご説明に伺うことも可能です。お役に立てますと幸いです。

■大切なのは"相手の背中をそっと押す"こと

相手を説得する際に、あおったり圧をかけたりするのは逆効果です。説得の目的は相手から「イエス」をもらうことであり、こちらの考えや意見を押しつけることではありません。相手が自発的に決断するように、その背中をそっと押してあげることが大切なのです。

営業・交渉・説得

①「誠実さ」を見せる

「貴社の方針や予算もおありかと存じますので〜」と、相手の立場への気づかいを見せることで、誠実な印象を与えることができます。

②「売り込みではない」という姿勢を伝える

申し込み期日を案内する際に、「念のため、ご連絡差し上げた次第です」という言葉を添え、「強引な売り込みではない」という姿勢を伝えましょう。

③相手にとってのメリットを伝える

一方的に「いいサービスです」「買わないと損です」などと押しつけるようなメールを送るのはNG。さりげなく相手（の会社）にとってのメリットを伝えることで、相手も「再検討してみよう」という気持ちになります。

取引先への
返信の催促

催促をするときこそ慎重さが求められる

先週の金曜日(7月28日)に
見積書をお送りいたしました。
お手元に届いておりますでしょうか。──①

本日(8月3日)午前中がご回答期日でしたが、
16時現在、ご返信を確認できておりません。

何かしらの手違いで、山本様にメールが届いていない可能性
もあるかと思い、
ご連絡差し上げた次第です。──②

ご多用のところ誠に恐れ入りますが、
ご確認いただけますと幸いです。──③

※念のため、前回お送りしたものと同じ見積書を本メールに
添付いたします。

メールで問い合わせや催促をするとき
に「?」を使うと、相手を問いただすよう
なキツい印象を与える場合があるため、
なるべく使用を避けましょう

■感情がおもむくままにメールを書くのはNG

　催促のメールを送る際、相手の不備や不手際が原因だからと高圧的な内容のメールを送ると、相手の気持ちを損ねてしまったり、今後の仕事に支障が出たりする可能性もあります。また、催促メールでは相手の"逃げ道"を用意してあげることも重要です。どうしても期日を守ってもらいたい場合は、リマインドメール（140ページ参照）を送るなどの予防策を講じることも大切です。

催促

①「催促」ではなく「確認」をする

確認や返信を「催促」するのではなく、メールが届いているかどうかを「確認」する体裁の文面にすることで、柔らかな印象になります。

②相手の"逃げ道"をつくる

「何かしらの手違いで〜」のような一文を挟むことによって、相手に"逃げ道"を用意しましょう。

③「配慮」を伝える

仮に相手に落ち度があった場合でも、よい関係を継続したいのであれば「お忙しいところ恐縮ですが〜」といった気づかいのひと言を添えましょう。

取引先への
納品の催促

相手を責め立てず丁寧なメールを心がける

7月20日に発注書をお送りし、
昨日8月14日を納期といたしておりました
大容量ポータブル電源3台が弊社に届いておりません。
——①

お手数とは存じますが、いつお届けいただけるか、
ご一報いただけますと幸いです。——②

弊社といたしましては
今月中に各現場に配置したいため、
遅くとも今週末(8月18日(金))にお届けいただくことを希
望いたします。——③

ご多忙のところ恐れ入りますが、
ご返信いただけますと幸いです。

■ 現状を確認し、期限を再設定する

納期の遅れは、大問題を引き起こす場合もあります。とはいえ、相手を責め立てると反感を持たれてしまう可能性もあるため、丁寧なメールを心がけましょう。催促メールでは、現状の確認や納期の再設定などを記載したうえで、こちらの要望をしっかりと伝える必要があります。なお、相手に至急で対応を求める場合は、メールではなく電話で状況を問い合わせたほうがよいでしょう。

①もともとの期日の確認

もともと設定されていた納期を記載しましょう。発注日を記載すると、相手が確認しやすくなる場合も。

②配慮の言葉とともに問い合わせる

高圧的に催促するのではなく、「お手数とは存じますが〜」などと気づかいの言葉を交えつつ、要望を伝えましょう。

③再設定した期限を伝える

しばらく待てる場合は、納期を再設定して伝えましょう。納期が遅れることで生じる悪影響についても書き添えることで、相手の積極的な行動をうながせます。

取引先への 請求書の催促

高圧的な言い方を避け柔らかく伝える

お忙しいところ恐れ入ります。
9月分の請求書につきまして、本日(10日)時点で弊社にて
まだ確認ができておりません。——①

誠に勝手ながら、弊社の経理処理の都合上、
12日までにご送付いただけますと助かります。

なお、請求書の到着が上記期日を過ぎる場合、
お支払いが遅れる可能性がございます。
あらかじめ、ご了承いただけますと幸いです。——②

なお、本メールと行き違いになった場合は、
何卒ご容赦いただけますと幸いです。——③

催促メールを送るときは、本当に
相手からの返信メールが来てい
ないか、つまり"自分の見落とし"
でないかをしっかりと確認して
から送りましょう

■相手を一方的に〝急かす〟のはNG

　期日までに請求書が届かない場合は、なるべく早い段階で相手へ連絡を入れましょう。緊急を要する場合は、メールではなく電話で問い合わせたほうが確実です。相手を一方的に〝急かす〟のではなく、気づかいが伝わる柔らかい表現を心がけましょう。

①高圧的な言い方を避ける

「まだ届いていません」「いつお送りいただけますか？」といった相手を責めるような表現はNG。「確認ができておりません」など、ソフトな印象の表現を心がけましょう。

②支払いが遅れる可能性を伝える

請求書の到着が遅れると、支払いが遅れる可能性もあることを伝えましょう。「相手の対応をうながす」効果が期待できるほか、実際に支払いが遅れた際に「相手からのクレームを防ぐ」効果もあります。

③行き違いになった場合のお詫びを添える

行き違いの可能性や、自分（自社）の不備で届いていない可能性も考慮し、メール内にトラブル回避の文面も添えておきましょう。

催促

取引先への 支払いの催促

相手を不快にさせない表現を心がける

さて、11月15日（水）付にてご請求いたしました
「MUJINAカフェ」Webサイト制作費について、
本日時点でまだご入金いただけていないようでございます。
——①

ご多忙のところ恐縮ですが、振込み状況をご確認いただき、
未納の場合は11月17日（金）までに
お振込みいただきますようお願いいたします。

念のため、下記にお振込み内容を記載いたします。

■「MUJINAカフェ」Webサイト制作費
・金額：55万円＋税
・振込先：○○銀行○○支店　普通　口座番号0000000
——②

なお、本メールと行き違いにご入金いただいておりましたら、
あしからずご容赦願います。——③

■相手を追い詰めるようなメールは控える

　入金の遅れが相手の「故意」であることはまれです。単純に相手が忘れている、あるいは請求書の未確認といった "うっかりミス" が原因の場合がほとんどです。したがって、<u>一方的に追及するようなメールを送るのはNG</u>。支払いが遅れたとはいえ、お金を払ってくれる「お客様」を不快にさせない伝え方を心がけましょう。

①丁寧な言葉づかいを心がける

「入金が遅れているようですが、どういうことでしょうか？」「どうなっているのでしょうか？」などと詰問調で尋ねるのはNG。「ご入金を確認できておりません」などと、丁寧な言葉づかいを心がけましょう。

②振込期限と請求情報を伝える

希望する振込期限を記入しましょう。また、請求情報を改めて記載すると、相手も確認の手間が省け、スムーズに振込みが行えます。

③行き違いになった場合のお詫びを添える

催促メールを送る場合は、「万が一、行き違いになった場合のお詫び」を入れるようにしましょう。

「交渉」「催促」の際に使えるフレーズ

■相手に「気持ちよく行動してもらう」ために

　交渉や催促のメールを送る際は、第一に「感情的にならない」ことを心がけましょう。仕事で一番に意識すべきことは〝自分の意見を通す〟ことではありません。互いに対等な関係で話し合い、双方が納得のいく条件を探すことで、継続的な協力関係を築いていくことができるのです。相手に気持ちよく行動してもらうためには、一方的に責めるような表現を避けながら、根気強く「交渉」や「催促」をする必要があります。

▶「交渉」のフレーズ

- 納期を○日まで延期していただきたくご連絡差し上げました。
- ○○について再度、ご検討いただけますでしょうか。
- ○○していただくことは可能でしょうか。
- ご相談させていただきたく存じます。
- 取引条件についてご相談したい点があり～
- ○○円までであればお値引きすることも可能です。
- ご無理を承知で申し上げますが～
- もし○○が難しいということでしたら、○○はいかがでしょうか。

▶基本的な「催促」のフレーズ

- 確認ができておりません。

- お返事をいただけていないようです。
- お返事をお待ちしております。
- お返事いただきたく存じます。
- その後、いかがでしょうか[いかがなりましたでしょうか]。
- どのような状況でしょうか。
- 進捗状況を教えていただけると助かります。
- ご対応いただけますと幸いです。
- ○月○日までにご連絡いただきますようお願い申し上げます。

▶配慮しつつ「催促」するフレーズ
- 行き違いでしたら申し訳ございませんが〜
- ご多忙かとは[ご事情がおありかとは]存じますが〜
- 何らかの手違いかとも存じますが〜
- 今一度のご確認をお願いいたします。

▶強く対応を求める「催促」のフレーズ
- 至急ご対応ください。
- これ以上期日を延ばすことはできません。

▶困惑を伝える「催促」のフレーズ
- ○○いただけず、(大変)困惑しております。
- どうしたものかと苦慮しております。

交渉メールを送るときは、「相手に検討を依頼する」というスタンスを忘れないようにしましょう

催促

「できるヤツ」と思われる返信術

▶ できる人は「先回り伝達」が上手い

まわりから「仕事ができる」と思われている人や、周囲からの信頼が厚い人に共通する1つの特徴があります。それは、相手が欲しい情報を先回りして与える「先回り伝達」が上手いということです。

たとえば、取引先の人から「○日は渋谷に行く予定なので、駅近くのどこかで打ち合わせをお願いできませんか」という連絡が来たとします。

そのときに「○日の打ち合わせの件、承りました」とだけ返信すれば、一応、コミュニケーションは成立します。しかし、上のような返事に加えて、「渋谷駅前の○○ビルの12Fに、打ち合わせしやすいカフェがあります」と、店名とお店のURLを添えて返信した場合はどうでしょう。返信をもらった相手は、その「先回り伝達」によって打ち合わせ場所を調べる手間が省け、感謝の気持ちが芽生えるでしょう。

こうした「相手の負担を軽くする」行動が自然とできると、相手に「仕事ができる人」だということが伝わり、好感や信頼度も高まります。

▶ 複数の選択肢を提示して選んでもらう

　メール返信時に「複数の選択肢を提示する」ことも、相手の負担を減らす１つの方法です。

　たとえば、上司から「新規取引先の開拓案」の提案を求められて、「Web広告の活用はいかがでしょうか」と返信したとします。しかし、それだけでは、上司が「Web広告はやめておこう」と判断したら、改めて策を練り直さなければなりません。そもそも、比較対象がなければ上司も検討しづらいはずです。

　一方、上司からの同じ求めに対して、「Web広告の活用、電話営業の強化、展示会への出展などの選択肢がございます。○○課長のご意見をお聞かせください」などと（必要な場合は資料も添えて）返信すれば、上司は３つの選択肢を比較検討することができるため、判断しやすくなります。

　場合によっては、「Web広告を出稿したうえで、電話営業の強化も検討しよう」といった折衷案が生まれるかもしれません。

　なお、選択肢は多すぎても選びにくいものです。ビジネスシーンでは、３〜５つを目安にしましょう。

　上司への提案に限らず、顧客や取引先へのプランやメニューも、複数用意することで購入や成約の確率が高まりやすくなります。

取引先の間違いを指摘する

「指摘する」のではなく「確認する」

次回の打ち合わせの日程につき
ご連絡いただきありがとうございました。

一点、確認させていただきたいことがあります。──①

打ち合わせの日時が「8月21日(火)15時〜」とありましたが、
21日は月曜日です。
「8月21日(月)、または8月22日(火)の15時〜」の誤りでしょ
うか。──②

ご多忙のところ恐れ入りますが、
ご確認いただけますと幸いです。──③

相手の間違いを指摘して訂正を求めることは大切ですが、単純な誤字脱字などの細かな間違いをわざわざ指摘するのは控えましょう

■指摘するのではなく、ソフトに確認する

　相手の間違いを指摘するときは、単刀直入に指摘するのではなく、尋ねるような形でソフトに確認するのがマナーです。また、金額や数量などの数字、人名や商品名といった固有名詞が間違っている場合には、トラブルの原因になり得るため、訂正を求めましょう。

①いきなり本題に入らない

いきなり「間違いの指摘」という本題に入ると、相手にキツい印象を与えてしまうことも。まずは「確認したいことがある」という柔らかいアプローチで伝えましょう。

②ストレートに指摘しない

「誤りです」「間違いですよね？」などとストレートに指摘すると相手もいい気持ちはしません。「〜の誤りでしょうか」「〜と違っているようです」のように、"確認する"言いまわしで伝えましょう。

③気づかいの言葉で結ぶ

「ご多用中恐縮ですが〜」のように、相手を気づかう言葉を添えると、さらに印象がソフトになります。

取引先に苦情を伝える

してもらいたい対応を具体的に伝える

本日商品が届いたのですが、
そのうちの5点の紙パッケージが濡れており、
お客様にご提供することができません。──①

現在、弊社のお客様にお待ちいただいている状態です。
誠に恐れ入りますが、明日中に同じ商品5点を
お送りいただけますでしょうか。──②

2カ月ほど前にも同じようなトラブルがあり、
指摘させていただいたことがあります。
雨天の際の運搬方法を改善いただくなど、
対策を徹底していただけますと幸いです。──③

取引先のミスだとしても、感情的
な表現で苦情を伝えるのはNG。
相手には冷静かつ具体的な表現
で伝えましょう

■「効率よく問題解決する」ことが目的

まずは苦情の内容をわかりやすく指摘し、してもらいたい対応や改善策を具体的に伝えることが大切です。<u>苦情メールは、相手を責めるものではなく、効率よく問題解決するためのもの</u>、と心得ておきましょう。

①苦情の内容をわかりやすく示す

相手がすぐに状況を把握できるよう、ミスの内容や数量などを漏れなく簡潔に示します。伝えたいことが多い場合は、箇条書きにしましょう。

②望む対応策を具体的に伝える

相手のミスにより自分（自社）が置かれた状況を伝え、「いつまでに、どのような対応をしてほしいのか」を明確に伝えましょう。

③改善をうながす

二度と同じミスがないよう、改善をうながします。相手の怠慢や悪意が明らかであれば、「今後も同じことが続くようであれば、貴社からの仕入れを停止することも検討しなければなりません」などと、厳しく伝えることも検討しましょう。

苦情・クレーム への対応

「謝罪」→「説明」→「対策」の順に伝える

このたびは、貴社に大変ご迷惑をおかけしてしまい
誠に申し訳ございませんでした。
明日（15日）着で同じ商品5点をお送りいたします。——①

パッケージが濡れていた原因は、配送時の不備ではなく、保
管時の倉庫の水漏れでした。——②

本日中に倉庫の水漏れの状況を改善いたします。
また、今後、商品の発送時には、発送担当者が添付のチェック
シートを用いて
異常がないか確認することにいたしました。——③

以後、同様のことがないよう対策を徹底いたします。

これに懲りず、今後ともどうぞよろしくお願い申し上げます。

ミスやトラブルの報告（118ペー
ジ参照）と同様、原因を説明した
あとは、具体的な対策を伝えるこ
とが大切です

■謝罪と説明のあとに、対策を伝える

　苦情メールへの対応を誤ると、取引停止になる可能性もあります。そのため、苦情メールには誠意をもって対応する必要があります。まずはしっかりと謝罪し、<u>相手が納得する原因や経緯を説明し、今後の対策を伝える</u>ようにしましょう。

①まずは謝罪する

こちらのミスが原因の苦情に対しては、まずは誠意を尽くして謝罪します。相手が具体的な要望を伝えてきた場合は、あわせて〝要望に応える旨〟も伝えましょう。

②原因や経緯を説明する

ミスやトラブルの原因とその経緯を簡潔かつ客観的に説明します。この際、「言い訳」や「弁解」と取れるような文面にならないよう注意しましょう。

③今後の対策を伝える

対策を伝える際は「気をつけます」「注意します」といった抽象的な表現は避け、なるべく具体的に説明するようにしましょう。対策の内容が具体的であればあるほど、相手も「次からは大丈夫だろう」と安心できます。

「苦情」「抗議」の際に使えるフレーズ

■ シチュエーションに応じて言葉を選ぶ

抗議のメールを送る際には、シチュエーションに応じて言葉を選ぶ必要があります。感情的になりすぎるのはよくありませんが、あまりに丁寧すぎると、こんどは「抗議の意思」が伝わらなくなってしまいます。相手との関係性や状況、問題の重要度などに応じて、適切にフレーズを使い分けましょう。

▶対応を求めるフレーズ

- 迅速な[早急な／誠意ある]対応をお願い申し上げます。
- ご対応[善処／改善／対処]いただけ[ください]ますようお願い申し上げます。

▶回答を求めるフレーズ

- 誠意ある回答をお待ち申し上げます。
- 責任ある回答をここに求める次第です。
- 納得のいく回答をいただけておりません。

▶対応の方向性を示すフレーズ

- ○○するのが筋ではないかと存じます。
- ○○されるのが適切[賢明]な処置かと存じます。

▶抗議するフレーズ

- 厳しく抗議します。

- 厳にご注意いただきたく、お願い申し上げる次第です。
- ○○の場合、しかるべき措置をとらせていただきます。
- 貴社とのお取引を中止させていただく可能性もございます。

▶抗議の結びのフレーズ

- 二度とこのようなことが起こらないよう、今後はくれぐれもご注意ください。
- 今後は早急な措置を講じていただきますよう、お願い申し上げます。

▶不服であることを伝えるフレーズ

- 承服いたしかねます。
- 納得いたしかねます。
- はなはだ遺憾に存じます。

▶こちらの迷惑状況を伝えるフレーズ

- 大変迷惑[困惑]しております。
- 弊社の信用にもかかわる問題ですので～
- ○○に支障をきたしかねません。

▶最後通告のフレーズ

- 万一、期日までにご回答がない場合には～
- 今後の推移次第では～
- ○○の場合、貴社とのお取引を停止せざるを得ません。
- ○○の場合、やむを得ず、法的措置に訴えざるを得ません。

苦情や抗議のメールはなるべく早い段階で送るのが鉄則です。くれぐれも感情的になりすぎないよう注意しましょう

取引先からの
お誘いに対する断り

「断る理由」をしっかりと伝える

このたびは、商品展示会のご案内をいただき、
誠にありがとうございます。

あいにくご案内いただいた期間は出張中で、参加が叶いません。――①
いち早く貴社新製品を拝見したかったので残念です。――②

もし資料をいただけるようであれば、弊社営業部内で共有いたします。――③

お手数をおかけいたしますが、
ご検討いただけますよう、よろしくお願いいたします。

断りメールを送る際は、誘ってくれた相手への感謝や気づかいのひと言を添えるようにしましょう

■断るときに"ウソをつく"のはマナー違反

　相手の誘いを断らざるを得ない場合には、その理由を
しっかり伝えれば納得してくれます。ただし、<u>断る理由
を書くときに「ウソをつく」</u>のは厳禁。具体的に書くと
角が立ちそうなときは、「どうしても外せない用件が入
っており」「先約があるため」といった表現を用いて対
応しましょう。

①参加できない旨を伝える

「参加できません」というフレーズでも問題ありません
が、「参加が叶いません」としたほうがより丁寧で品の
よい印象に。また、「出張中で」などと参加できない理
由を明確にすると、断っても角が立ちません。

②参加できなくて残念という気持ちを伝える

参加できないことを伝えたあとに、「残念です」と添え
ることで「行きたいけれど行けない……」という気持ち
が伝わります。

③相手にメリットのある提案をする

「新製品の情報を部内で共有する」のように、相手にメ
リットのある提案をすると好印象に。

断り

取引先からの提案に対する断り

断る理由を伝えてお詫びの気持ちを示す

このたびは貴社のデジタル経理システムについて
導入のご提案をいただき、誠にありがとうございます。

社内で検討を重ねた結果、今回は見送らせていただくことに
なりました。——①

貴社のシステムは大変魅力的でしたが、
初期費用が予算に見合わないとの判断に至りました。——②

熱心にご提案いただいたにもかかわらず、
ご期待に添えず申し訳ございませんでした。——③

これに懲りず、今後ともご支援、ご協力いただけますよう、
よろしくお願いいたします。

■書き方が難しい「断りのメール」

　断りのメール文は、書き方に工夫が必要です。そっけないと相手の気分を害しかねず、かといって気をつかいすぎた"思わせぶり"な表現だと、相手に変な期待を持たせてしまう場合も。まずは<u>断りの理由を示し、採用に至らなかったお詫びの気持ちを伝えましょう</u>。

①まずは結論(断り)を伝える

提案いただいたことへのお礼を述べたあとに、結論を伝えます。この結論があと回しになると、相手に変に期待を持たせて悪印象を与える場合もあるので要注意。

②断りの理由を示す

なぜ断るかの理由がわからないと、相手もなかなか納得できません。「予算に見合わない」など、なるべく明確な理由を示すようにしましょう。

③お詫びの気持ちを示す

これまで取引があった相手はもとより、はじめて提案を受けた相手であっても、今後、協力関係になる可能性があります。お詫びの言葉を添えて、「良好な関係を維持したい」という気持ちを示しましょう。

断り

取引先からの業務依頼に対する断り

「断る理由」を説明し、理解を求める

このたびは「HASHIHIMEキャンドル」製造について
お問い合わせいただき、ありがとうございます。

弊社内で検討いたしましたが、
誠に残念ながら、今回は辞退させていただきます。——①

クリスマスシーズンにかけて工場がフル稼働しており、
ご提示いただいた納期では、製造機および人員の確保が難しいためです。——②

事情をお察しいただき、ご理解を賜れますと幸いです。
またの機会がございましたら、お声掛けいただければと存じます。——③

メールでのお返事にて恐れ入りますが、
今後ともよろしくお願い申し上げます。

断りのフレーズの前に「誠に残念ながら」「大変ありがたいお話なのですが」などのクッション言葉（312ページ参照）を入れると印象が和らぎます

■「残念さ」と「相手への配慮」が伝わる表現を

せっかく依頼をいただいたからには、今後の関係も良好にしたいものです。そのため、依頼を断る際には、受けられない残念さや相手への配慮が伝わる表現を心がける必要があります。

①お礼のあとに結論(断り)を伝える

まずは依頼や相談をいただいたことに対するお礼を伝え、そのあとに「断る」という結論を伝えます。

②断る理由を説明する

相手に納得してもらうためにも、「なぜ断るのか?」──その理由を明確に伝えましょう。理由があいまいだと、「相談の仕方が悪かったのかも?」「何か隠しているのでは?」などと相手に余計な不安や悪印象を与えてしまう場合もあります。

③断ることへの理解を求める

「ご理解[ご了承]いただけますと幸いです」などと理解を求め、「またの機会がございましたら」と次の機会につながる言葉を添えましょう。

断り

断られた場合の返信

検討してくれたことへのお礼を伝える

「HASHIHIMEキャンドル」製造の問い合わせについて、
ご検討いただき誠にありがとうございました。——①

今回はご対応が難しいとのこと、承りました。
こちらこそ無理なお願いを申し上げましたこと、お詫びいた
します。——②

また別件でお問い合わせすることもあるかと存じますので、
その際には改めてご相談させてください。——③

末筆ではございますが、貴社の益々のご発展を
心よりお祈り申し上げます。

断りメールに対して返信する際
は、何度も懇願したり、お断りの
理由をしつこく尋ねたりするの
は控えましょう

■断りのメールに対しては必ず返信する

　断りのメールを受け取ったら必ず返信しましょう。返信がないと、相手は「断ったから怒ったのかな？」などと余計な心配をしてしまいます。また、断りのメールに返信するときは、検討してくれたことへのお礼と、断りを了承した旨を伝え、今後も良好な関係を継続するために、次の機会に相談したい旨も書き添えましょう。

①検討してくれたことへのお礼を伝える

たとえ断られたとしても、まずは多忙な中で検討してくれたことに対するお礼を伝えるのがマナーです。

②理解とお詫びの言葉を入れる

次に、断りを了承したことを伝えます。せっかくの仕事を断るほうも心苦しいものです。断られた側から「無理を申し上げまして」のように理解とお詫びの言葉を入れると、相手は安心できます。

③次につながる言葉を添える

「また次の機会がある」ことを伝えることで、断った側は「今回断ったから次はないかも」などと気に病む必要がなくなります。

断り

「断り」の際に使えるフレーズ

■TPOに合わせたフレーズを使い分ける

　「断り」のメールは、送る側にとっても受け取る側にとっても気をつかうものです。TPOに合わせて以下にあげたようなフレーズを使い分けることができれば、今後の対応にも困ることがなくなるでしょう。

　「断り」のフレーズを使うときは、クッション言葉(312ページ参照)と組み合わせるようにしましょう。

▶基本的な「断り」のフレーズ

- 今回は見送らせていただきます。
- 今回は辞退させていただきます。
- 今回は見合わせることになりました。
- お気持ちだけ頂戴いたします。
- お断りせざるを得ない状況です。
- ご要望[ご期待]には添いかねます。
- ご要望[ご期待]にはお応えすることができません。
- お引き受けいたしかねます。
- お応えすることができません。
- お受けいたしかねる状況です。
- 対応いたしかねます。
- お申し出はお受けいたしかねます。
- ご辞退させていただきたく存じます。

- ○○が難しい状況です。
- ご遠慮申し上げます。
- 遠慮させていただきます。
- お断りいたします。

▶断りへの理解を求めるフレーズ
- (何卒)事情をご賢察のうえ、ご理解いただければと存じます。
- (何卒)事情をお察しいただき、ご容赦のほどお願い申し上げます。
- あしからずご了承ください。

▶力不足を理由に断るフレーズ
- 力不足で申し訳ございません。
- とても私には力が及びません。
- 私にはまだ荷が重すぎます。
- ご期待に添えず申し訳ございません。
- お力になれず申し訳ございません。

断り

226ページの例文でも使った「貴社の益々のご発展を心よりお祈り申し上げます」は、とくに、関係性がまだ薄い会社に対して有効なフレーズです

取引先への
納期遅延のお詫び

遅延の理由を説明し、対応策を伝える

先ほどもお電話でお伝えいたしましたが、
「きよひめシャンプー」の納期に遅れが生じ、
多大なご迷惑をおかけいたしましたこと、
心よりお詫び申し上げます。

先日の○○地方の集中豪雨の影響で、
一時、原材料の1つである椿油の出荷が停止されたことによ
るものです。──①

現在は出荷が再開されており、
3月8日(金)までには納品できる予定でございます。
確実な配送スケジュールがわかり次第、
改めてご連絡差し上げます。──②

重ねて、ご迷惑をおかけいたしましたこと、
深くお詫び申し上げます。

■遅延が判明したら一刻も早く相手に伝える

納期の遅延は、取引先に一刻も早く知らせるべきことのため、**まずは電話で伝え、そのあとに改めてメールでお詫びと状況説明をするのが望ましい**です。遅延が判明したら、迅速に原因を調べ、自分側（自分や自社、部下など）の過失の場合には、今後どのように対応するかについてもしっかりと説明しましょう。

①遅延の理由を伝える

まずはお詫びし、そのあとで納期遅延の原因を簡潔に説明しましょう。

②今後の見通しを伝える

いつ納められるのかを、「○月○日」などとなるべく具体的に伝えます。明確に伝えられない状況であっても、わかる範囲内で現在の状況を説明し、再設定した納期（の目途）を伝えるようにしましょう。

電話連絡が取れなかった場合は、メールの結びに「メールにて恐縮ですが、お詫びのご連絡を申し上げます」などと書き添えるとよいでしょう

取引先への
ミスのお詫び

ミスの原因と対応策を具体的に伝える

このたびは、商品出荷に手違いがあり、
誠に申し訳ございませんでした。

工具のサイズがご注文と異なっており、
さぞかしご不快な思いをさせたことと存じます。
心よりお詫び申し上げます。

原因ですが、受注時の商品コードの入力ミスが考えられます。
——①
受注時のチェックが行き届かなかった点についても、
重ねてお詫び申し上げます。

つきましては、至急、ご注文いただいたサイズの商品をお送
りいたします（明日午前中に、弊社配送員がお届けにあがり
ます）。——②

以後、同じような不手際がないよう、受注時のチェックのマ
ニュアル化を進めていく所存です。
誠に勝手なお願いではございますが、引き続き、お引き立て
いただけますと幸いです。——③

■重大なミスの場合は、まずは電話する

　ミスに対するお詫びメールを送る際は、<u>ミスが起きた原因や今後の対応策を具体的に伝える</u>ことが大切。ミスの度合いや相手の怒りの度合いによっては、真っ先に電話でお詫びを伝えたり、相手を訪問したりする必要もあります。また、相手とすぐに連絡がつかず、止むなくメールを送る場合も、状況によっては「のちほど改めてお電話させていただきます」などの一文を添えたほうがいいケースもあります。

①ミスの原因を伝える

お詫びのあとは、ミスの原因を伝えます。原因が特定できない場合は、調査する旨を伝えたうえで、現状で考えうる推測を伝えましょう。

②なるべく具体的な対応策を書く

「お詫び」と「対応策」はセットととらえましょう。具体的な対応策を示すことで相手の怒りが鎮まることも。

③改善策を伝える

同じミスやトラブルの再発を防ぐため、今後の改善策を示します。

謝罪・お詫び

部下の不手際に対するお詫び

部下の失敗の責任を取るのも上司の仕事

このたびは、弊社の多田が金森様に対して
大変失礼な応対をいたしましたこと、
心よりお詫び申し上げます。

本件について多田に厳しく指導しましたが、
ひとえに上司である私の不徳の致すところであり、
弁解のしようもございません。——①

本人も、今後二度とこのようなことを繰り返さないと深く反
省しております。

今後は同様のことのないよう教育を徹底いたしますので、
何卒ご寛恕くださいますようお願い申し上げます。——②

上司の役割は部下の管理や
指導だけではありません。
<u>部下の失敗の責任を取った
り、フォローしたりするこ
とも上司の大切な仕事</u>です

■「問題を重く受け止めている」ことを伝える方法

　お詫びする際に、もっとも大切なのは誠意を伝えることです。部下の不手際が発覚したら、丁寧な文章を心がけ、お詫びの言葉をしっかりと記しつつ、できるだけ早く相手への謝罪メールを送りましょう。不手際をした本人ではなく、その直属の上司が謝罪をすることにより、問題を重く受け止めていることが伝わります。お詫びメールで避けるべきは「言い訳」や「弁明」です。言い訳を書くことで相手の怒りや不快感が増幅することも珍しくありません。十分に注意しましょう。

①誠意が伝わる丁寧なお詫びを心がける

監督責任のある立場の人間として、誠意が伝わるよう、しっかりとお詫びの言葉を伝えます。

②指導を徹底することを記載する

今後は部下に対する指導をしっかり行っていく旨を記載。同じミスを繰り返さないための具体的な対策が記されていると、相手も納得できます。

謝罪・お詫び

取引先への「お詫びと訂正」

間違えた内容と正しい内容を並べて示す

件名:【お詫びと訂正】プレゼンの日時について——①

(本文)※「書き出し」と「結び」は除外
先ほどお送りしたメールに記した
「プレゼンの日時」の情報に誤りがありました。
下記、訂正いたします。
申し訳ございませんでした。

【誤】日時:7月4日(火)14時〜15時半
【正】日時:7月5日(水)14時〜15時半——②

訂正情報の下に、修正済みの全文を貼り付けるとより親切です。相手が最初の「間違ったメール」を確認することがないよう、「お手数ですが、先ほどのメールは削除願います」といった一文も添えておくとよいでしょう

■わかりやすく「正誤」を示す

　送信したメールに誤りがあることがわかったときには、すぐに「お詫びと訂正」のメールを送ります。その際、間違っていた箇所を直すだけでは「どこが間違っていたのか」がわかりにくいため、例文のような形で「正誤」を示すと明確になります。

　急ぎ訂正する必要がある場合や、重大な間違いを犯していた場合は、メールではなく、真っ先に電話で伝えるようにしましょう。

　なお、「お詫びと訂正」メールが間違っていると信用問題にもなりかねません。間違いがないよう十分に確認したうえで送信しましょう。

①件名を目立たせる

お詫びと訂正のメールを送るときには、件名の頭に【お詫びと訂正】と入れて目立たせると、相手の見落としが減ります。

②並べて「正誤」を示す

「間違えた内容」と「正しい内容」を並べて書くことによって、訂正内容が明確になります。

酒席での
失礼を詫びる

素直に非を認め、お詫びと対策を伝える

おはようございます。——①
三枝です。

昨日の懇親会では、
甘利課長に失礼な発言をいたしましたこと、
深く反省し、心よりお詫び申し上げます。——②

同僚から昨晩の自身の振る舞いを聞き、
ことの重大さを認識するに至り、
まずは謝罪をさせていただきたく、
メールいたしました次第です。

今後は、社内行事での飲酒は控え、
節度ある振る舞いを心がけます。
どうかお許しいただけますようお願いいたします。——③

酒席での過ちを"お酒のせい"
にするのはNG。記憶がない場
合は、同席していた人に"自分
が何をしたか"を確認するの
も１つの方法です

■「言い訳」をせずに「誠意」を示す

　酒席での振る舞いを謝罪するときに、「酔っていたので」「記憶があいまいで」といった〝言い訳〟をしてしまうと、誠実さを損ないます。<u>素直に自分の非を認め、お詫びと反省を伝える</u>ことで、しっかりと誠意を示しましょう。

①なるべく早く詫びる

酒席での失言や迷惑行為については、翌朝なるべく早めに、直接謝罪しましょう。もし、迷惑をかけてしまった人が不在であれば、朝のうちにメールでお詫びします。

②失言の内容には触れない

真っ先にお詫びの言葉を記します。「失言」について詫びる場合、失言の内容にまで触れることで相手の感情を逆なでする（怒りを蒸し返す）可能性もあります。「失礼な発言」「状況を顧みない発言」といったややぼかした表現にとどめましょう。

③今後の対策を伝える

二度と同じことを繰り返さないために、どのような対策をするかを具体的に伝えることで、反省とお詫びの気持ちがより伝わりやすくなります。

「謝罪」「お詫び」の際に使えるフレーズ

■ 誠実にお詫びの気持ちを伝える

　人間は誰しも、ミスや不手際、勘違いなどをしてしまうものです。大切なのは、言い訳などせず誠実にお詫びの気持ちを伝えること。お詫びのメールを書く際には、相手の"怒りの度合い"に合わせて、慎重にフレーズを選ぶようにしましょう。

▶基本的な「お詫び」のフレーズ

・(誠に)申し訳ございません。
・(深く／謹んで／心より／重ねて)お詫び申し上げます。
・陳謝[謝罪]いたします。
・大変[多大なる]ご迷惑[ご心配]をおかけいたしました。
・大変お手を煩わせました。
・大変失礼いたしました。
・幾重にもお詫び申し上げます。

▶反省を表す「お詫び」のフレーズ

・深く反省しております。
・自責の念にかられています。
・責任を痛感しております。
・不徳の致すところです。
・私の至らなさが招いた結果です。
・私の力不足です。

> お詫びのメールは気が重いものですが、なるべく早い段階で送ることで、ミスやトラブルの深刻化が防げます

- 申し開きのしようもございません[できないことです]。
- 弁明の余地もございません。
- 釈明するつもりもございません。
- お恥ずかしい[情けない]限りです。

▶改善の姿勢を示す「お詫び」のフレーズ

- 以後、このようなことがないよう、細心の注意を払います。
- 二度とこのようなことがないよう、精進いたします。
- 今後はこのような不手際がないよう、厳重に注意いたす所存でございます。
- 今後はこのようなことがないよう、○○を肝に銘じます。
- 今後はこのようなことがないよう、厳に注意いたします。

▶非礼・失敗への猛省を表す「お詫び」のフレーズ

- 無礼千万なことに～
- 礼儀知らずもはなはだしく～
- 非礼このうえないことと～
- とんだ失態を演じまして～
- このような事態を招き～
- あってはならないことでした。
- もってのほかでございました。

▶相手の指摘を認める「お詫び」のフレーズ

- ○○の件は、まさにおっしゃるとおりでございます。
- ご指摘[お怒り]は、ごもっとものことと存じます。
- お腹立ち[ご指摘]は無理もないことでございます。

謝罪・お詫び

指示語（こそあど言葉）に依存しすぎない

▶「こそあど言葉」の多用は避ける

「これ／この」「それ／その」「あれ／あの」「どれ／どの」といった指示語を「こそあど言葉」と言います。この「こそあど言葉」が、どの言葉を指しているのか明確でないと、大きな誤解やミス、トラブルなどに発展する場合もあります。

　とくにビジネス文書などの実務文では、「こそあど言葉」の多用は避けるべきです。

> **NG**
>
> 先日の会議で、新規事業推進の見直しと生成AIの導入について話し合った結果、それを即決すべきかどうか、今週中にスタッフの意見調査を行ったうえで、役員会で審議することになりました。その結果については、来週の定例会議で報告いたします。

　上の例文内の「それを即決すべきか」の「それ」は、何を指しているのでしょうか。「新規事業推進の見直し」なのか、それとも「生成AIの導入」なのか、明確にわかりません。

　また、「その結果」の「その」が、スタッフの意見調

査の結果なのか、役員会での審議の結果なのか、よくわかりません。

　以下は、左のページのNG例文を修正したものです。

> **Good** 先日の会議で、新規事業推進の見直しと生成AIの導入について話し合いました。生成AIの導入については、即決すべきかどうか、今週中にスタッフの意見調査を行ったうえで、役員会で審議することになりました。それらの結果については、来週の定例会議で報告いたします。

「それ」を「生成AIの導入」という言葉に置き換えました。また、「その結果」は「それらの結果」に変更することで、「スタッフの意見調査」と「役員会での審議」の両方を指すことがわかるようにしました。

▶ 具体的な言葉に置き換える

　文中で「こそあど言葉」を使うときは、はじめて読む人にも「それ」や「あれ」が何を指すのかわかるようにする必要があります。

　メール文を相手に送る前に読み直してみて、「こそあど言葉」が何を指しているのかわかりにくいと感じたときは、具体的な言葉に置き換えるなどしてから送信するようにしましょう。

上司や先輩に対するお礼

自分の言葉で書くことで気持ちが伝わる

本日はお忙しいなか、株式会社TESSOにご同行いただき、誠にありがとうございました。

先方のニーズを聞き出す方法、先方に納得してもらえるような提案の流れなど、大変勉強になりました。──①

また、営業後にご指摘いただいた点については、小畠課長の手法を参考にして、次回以降の商談で活かしてまいります。──②

一人でも多くのお客様からご契約いただけるよう、日々精進いたします。

引き続きご指導ご鞭撻のほど、よろしくお願いいたします。

「何に感謝しているのか」を具体的に伝えることで、どれだけ「理解したか」や「学んだか」が伝わります

■お礼のメールは自分の言葉で書く

　お礼のメールを送るときは、まずは感謝の言葉を伝えましょう。また、お礼のメールは「ひな型」を使い回すと空々しい印象になり、気持ちが伝わりません。「何に感謝したのか」「何を学んだのか」などをしっかりと自分の言葉で書くことで、相手の心に響きやすくなります。

　お礼の言葉は、比較的関係性が近い上司や先輩であれば「ありがとうございます」でOK。取引先などに対しては「心より御礼申し上げます」など〝相手との関係性に合った言葉〟も添えると好印象です。

①「感想」や「学んだこと」を具体的に伝える

まずは感謝の気持ちを伝え、そのあとに「何を学んだのか」を具体的に書くことで、感謝の気持ちが相手に伝わりやすくなります。

②意気込みや改善点を伝える

上司や先輩のアドバイスを受けて、「どう改善するのか」「どう意識が変化したのか」といったことを書き加えることで、意気込みが伝わります。

感謝・お礼

打ち合わせの
あとのお礼

丁寧な言葉で感謝の気持ちを伝える

本日はお忙しいところ、打ち合わせのお時間を割いていただきましたこと、
心より御礼申し上げます。——①

本日ご指摘いただいた課題につき、社内で再度検討いたしまして、
今週金曜日までにご回答いたしたく存じます。——②

その他、気になる点やご不明点などがございましたら、
お気軽にお申し付けください。——③

今後とも何卒よろしくお願い申し上げます。

相手に来社してもらった場合は、
上の例文の「打ち合わせのお時間
を割いていただきましたこと」と
いう部分を、「ご来社いただき」
「弊社へお越しいただき」などと
すると、わざわざ足を運んでくれ
たことへの感謝が強調できます

■お礼メールはなるべく"その日のうち"に送る

はじめて訪問した相手との打ち合わせや、重要な打ち合わせのあとには、お礼のメールを送るのが一般的。また、打ち合わせや商談のあとのお礼のメールは、なるべく早く送ったほうが効果的です。訪問したのが夕方や夜といった遅い時間でない場合は、なるべくその日のうち（相手の営業時間内）に送るとよいでしょう。

①丁寧な言葉で感謝を伝える

お礼の言葉は「誠にありがとうございました」でも問題ありませんが、はじめて会った相手や重要な取引先に対しては、「心より御礼申し上げます」「深く感謝申し上げます」などの言葉を添えると、よりフォーマルな印象に。

②課題に対する回答期限を示す

課題を持ち帰った場合は、いつまでに回答するのかを明記することで、相手も安心して待つことができます。

③気づかいのひと言を添える

打ち合わせが終わったあとに、相手の中で新たな不明点や疑問点が出てくることもあるため、このような文章を書き添えておいたほうが親切。

感謝・お礼

プロジェクト 終了後のお礼

お礼のメールで相手との信頼関係を深める

このたびは、「UBUMEコスメ」プロジェクトにご尽力いただき、
誠にありがとうございました。

おかげ様で無事、プロジェクトを成功裏に終えることができました。

河尻様のご経験に裏打ちされた数々のアイデアなくして、
本プロジェクトがこれほど好評をいただくことは難しかったと、
終了した今、改めて実感しています。——①

河尻様には無理なお願いをすることも多々ございましたが、
いつも快くご対応いただきましたこと、深謝いたします。
——②

また別のプロジェクトでご一緒できる日を楽しみにしております。——③

今後とも何卒よろしくお願い申し上げます。

■お互いに気持ちよくプロジェクトを終える

　プロジェクト終了後のお礼メールで、相手との信頼関係が深まります。また、お礼の気持ちを伝えて、お互いに気持ちよくプロジェクトを終えることで、相手は「また、あの人と仕事がしたい」という気持ちになり、新たな取引や契約につながる可能性も高まります。

①自分の言葉で感謝を伝える

お礼のメールを送る際に、「何に対して感謝しているのか」を具体的に書き添えると、より感謝の気持ちが伝わりやすくなります。

②相手の苦労を労う

単純にお礼を述べるだけでなく、無理を言ったことや苦労をかけたことなどへのお詫びを添えることで、より深く「感謝の気持ち」が伝わります。

③次につながるひと言を添える

結びで、別の機会に一緒に仕事をしたい旨を伝えましょう。相手とのよりよい関係を築くことで、いざというときに協力してくれたり、自分を思い出してくれたりする人たちの輪（人脈）も広がっていきます。

感謝・お礼

贈り物を もらったときのお礼

お礼の言葉を重ねて感謝の気持ちを強調する

このたびは、結構なお品を頂戴いたしまして、
誠にありがとうございました。
部内一同でおいしくいただきました。——①

貴社にはいつも弊社商品の売り上げに
お力添えいただいているにもかかわらず、
このようなお心遣いまでいただき深く感謝申し上げます。
——②

まずは略儀ながら、メールにて御礼申し上げます。——③

かつて贈答品へのお礼は手紙やハガキで送るのが一般的でしたが、近年はメールで済ませる場合も多いです

■ お礼のメールは早めに送るのがマナー

　贈答品に対するお礼をメールで送る場合は、いただいた当日か、遅くとも翌日には送信するのがマナー。高額なものをいただいた場合は、お礼状とあわせて返礼品を送るようにしましょう。また、お礼を伝えるのが遅くなってしまった場合は、メールやお礼状にお詫びの言葉を添えます。

①まずはお礼を伝える

まずは贈り物をいただいたことへのお礼を述べましょう。高額な品物をいただいた場合は、「結構なお品」「過分なお品」のようにぼかして書くのが一般的です。

②お礼の言葉を重ねる

「ありがとうございます」「感謝申し上げます」など異なる表現でお礼の言葉を重ねることで、感謝の気持ちを強調することができます。

③メールでお礼することを詫びる

贈り物の内容や相手によっては、正式にお礼状を出したほうがよい場合も。メールでお礼を伝えるときは、「まずは略儀ながら〜」と書き添えておくとより丁寧な印象に。

感謝・お礼

会食のあとのお礼

社交辞令ではなく実感のこもった言葉で書く

昨晩はお食事にお誘いいただき、誠にありがとうございました。
和割烹・鬼婆、聞きしに勝るおいしさで、
至福の時間を過ごさせていただきました。——①

また、土屋様の貴重な体験談まで伺い、
有意義な時間を過ごせましたこと、感謝いたします。
弊社のデジタルマーケティングについてのアドバイスも、大変勉強になりました。
〝鉄は熱いうちに打て〟とばかりに、さっそく今日から実践いたします。——②
しっかり結果を出して、改めてご報告いたします。

後日、お返しする機会をいただけますと幸いです。

今後とも、よりよいお付き合いのほど、よろしくお願いいたします。——③

■文章は"硬くなりすぎない"ように注意する

　お礼のメールは、相手と信頼関係を築く絶好のチャンスです。そのため、通り一遍の社交辞令で済ますのではなく、自分の言葉で、「何を得たのか」「何が楽しかったのか」などを具体的に書きましょう。また、<u>会食で打ち解けたのであれば、その関係性を維持するためにも、文章は硬くなりすぎないように注意</u>しましょう。

①お店の感想を伝える

相手にお店を選んでもらった場合は、お店や料理の感想を盛り込みましょう。相手は「気に入ってくれてよかった」と安心するはずです。

②具体的な表現で感謝を示す

会食時の感謝や喜びの気持ちを具体的に書くことで、相手も「また連れていってあげよう」と思うもの。「"鉄は熱いうちに打て"とばかりに〜」のような実感がこもったフレーズも効果的です。

③今後につながる一文を添える

結びで、相手とよりよい関係を築いていきたいという気持ちを伝えましょう。

感謝・お礼

参加者へのお礼

感謝を伝え、謙虚な姿勢を印象づける

昨日はご多忙の中、弊社主催「うどんアワード」にご参加いただき、
誠にありがとうございました。

おかげ様で多くの方にご来場いただき、
盛況のうちに無事終えることができました。

当日は不慣れなこともあり、
不行き届きの点が多々ございましたこと、
心よりお詫び申し上げます。——①

皆様からいただいたご意見をもとに改善していく所存ですので、
今後ともよろしくお願い申し上げます。——②

略儀ではございますが、
まずはメールにて御礼申し上げます。——③

■個別に書いたほうが相手の印象に残る

　イベントなどの催し物を行った際、招待した相手が来てくれたら、当日か翌日にお礼メールを送りましょう。相手が大人数の場合は同じ文面で送っても問題ありませんが、少人数だったり、「この人にはとくにお礼を伝えておきたい」という人がいたりする場合は、個別に書いて送ったほうが相手の印象に残りやすくなります。

①お詫びで謙虚な姿勢を表す

感謝を伝えたあとは、必要に応じてお詫びの文章も書き添えることで、"謙虚な姿勢"を印象づけられます。

②次につなげるひと言を入れる

お礼メールは参加してもらったことへの感謝を伝えることが第一ですが、次回につなげたり、意見を聞いたりするためのものでもあります。次につなげるひと言を入れることで、意気込みも伝わります。

③メールでのお礼を詫びる

「略儀ながら〜」と断りを入れることで、より丁寧な印象になります。

感謝・お礼

「感謝」「お礼」を伝える際に使えるフレーズ

■相手との関係性やTPOをわきまえる

　感謝の気持ちを伝えるときは、相手との関係性やTPOをわきまえる必要があります。とくに相手から貴重な時間や人脈、知恵などをいただいたときは、「柴田様をご紹介くださり、お礼の言葉もありません。心より感謝申し上げます」のように、お礼の言葉を重ねて感謝の気持ちを強調しましょう。

▶基本的な「感謝」のフレーズ

- 誠にありがとうございます。
- 感謝しております。
- 助かりました。

▶深い感謝を表すフレーズ

- 心より[深く]感謝申し上げます。
- 厚く御礼申し上げます。
- 感謝してやみません。
- ただただ感謝の気持ちでいっぱいです。
- お礼の申し上げようもございません。
- 深謝いたします。
- 痛み入ります。
- 重ねて御礼申し上げます。

> 異なる感謝やお礼の言葉を2～3個組み合わせることで、より気持ちが伝わりやすくなります

▶気持ちを伝えて感謝を表すフレーズ

- 大変うれしく思います。
- 身に余る光栄です。
- 感激[感動]で胸がいっぱいになりました。
- ○○していただき、感激しております。
- 誠に頭が下がる思いです。
- お気持ちが心にしみました。

▶相手の好意や行動に対して感謝を表すフレーズ

- このたびは○○いただき、誠にありがとうございます。
- 親身になって○○していただき、ありがとうございます。
- おかげ様で○○することができました。
- いつも無理を聞いていただき、ありがとうございます。
- ご支援を賜り、ありがとうございます。
- お気づかい[ご配慮／ご尽力／ご教示／ご協力／お力添え]い
  ただき、ありがとうございます。
- 過分なお心づかいを頂戴し、ありがとうございます。
- ○○様のご尽力[お力添え／お口添え／ご協力／ご尽力／ご
  指導]のおかげ[賜物]です。
- 貴重なご助言をいただき、ありがとうございます。
- ご足労いただき、ありがとうございます。
- 身に余る[もったいない]お言葉をいただき、恐縮に存じます。
- 至福の時間を過ごさせていただきました。

▶相手の素早い反応に対して感謝を表すフレーズ

- 早速の[迅速な／早急な]ご対応をありがとうございます。

感謝・お礼

会社設立・開業に対するお祝い

相手の活躍を祈念する言葉を添える

このたびは株式会社NUEを設立されたとのこと、
心よりお喜び申し上げます。

真田様のこれまでのご実績とお人柄をもってすれば、
新たな事業は必ず成功を収めるものと確信しております。
―――①

今後ますますのご活躍をお祈り申し上げます。―――②

また、微力ではございますが、私どもでお役に立てることが
ございましたら、何なりとお申し付けください。

いずれ、事務所を拝見かたがた、ごあいさつに伺いたく存じ
ます。
今後とも何卒よろしくお願い申し上げます。

お祝いメールは相手を応援し、今後
の活躍を祈るもの。気づかいのつも
りでも、不安や心配などネガティブ
なことを伝えるのはNGです

■親しい相手に対しても一定の礼儀は保つべき

　会社設立や独立開業に対するお祝いメールを送るときには、お祝いの言葉に加えて、相手の今後の活躍を祈念する言葉を添えるのが一般的。相手が古くからの友人など身近な人であっても、個人ではなく会社宛のお祝いととらえて、一定の礼儀を保った表現を選びましょう。

　また、お祝いメールには「忌み言葉」(268ページ参照) を使わないように気をつけましょう。

①成功を信じていることを伝える

相手の成功を信じていることを伝えることには、激励の意味だけでなく、新たなスタートに向けた「縁起のよい言葉」を贈るという意味合いも。相手がよく知っている人であれば、例文にあるような「実績」や「人柄」といった表面的なことだけでなく、相手が持つ「手腕」や「能力」といったパーソナルな部分を具体的にほめると、期待や励ましの気持ちが伝わりやすくなります。

②相手の活躍を祈念する一文を添える

相手の活躍を祈る一文を入れることで、応援の気持ちが伝わります。例文の「今後ますますの〜」はやや定型的な表現です。

取引先への
昇進のお祝い

相手を祝福し、称え、敬服の念を伝える

このたびはプロモーション事業部部長に昇進されたとのこと、
誠におめでとうございます。

これもひとえに木下様の平素のご努力とご精勤によるものと、
改めて敬服いたしております。——①

今後ますます多忙になられるかと存じますが、
くれぐれもご自愛のうえ、さらなるご活躍をなさいますこと
をお祈り申し上げます。——②

略儀ながら、まずはメールにてお祝い申し上げます。

「変わる」「去る」「詰まる」「辞める」
なども"忌み言葉"(268ページ参照)
です。お祝いのメールでは使わない
よう注意しましょう

■相手の昇進をメールで祝うときの作法

　仕事上でつき合いのある人の昇進の報に接したら、なるべく早くお祝いのメールを送りましょう。メール文では、まずは昇進を祝福し、次に相手を称え、敬服の念を伝えたうえで、最後に相手の活躍や健康を祈る言葉で結ぶのが一般的です。

　転勤などを伴う"栄転"の場合は、「新天地におかれましても、さらなるご活躍をなさいますことを祈念しております」などと、新たな地での活躍を期待する言葉を添えるのが定番です。

①相手を称え、敬服の念を表す

お祝いの言葉のあとに、相手の努力や人柄を称え、敬服の念を表します。ある程度関係性が深い相手であれば、「私も自分のことのように嬉しく思っております」などと書き添えてもよいでしょう。

②相手の活躍と健康を祈る

今後への期待や応援する気持ちを伝え、健康を気づかうメッセージも添えましょう。

上司・先輩への 結婚のお祝い

「祝福」と「幸せを祈る気持ち」を伝える

このたびはご結婚おめでとうございます——①
お二人の幸せな門出を心よりお慶び申し上げます——②

職場でも常に明るくムードメーカーの秋山さんですから
笑顔あふれるご家庭を築かれることと存じます——③

末永くお幸せに
まずはメールにてお祝い申し上げます

絶対NGというわけではありませんが、結婚祝いのメッセージには、なるべく「、」「。」などの句読点を使わないことがマナーとされています。また、結婚祝いのメッセージで「忌み言葉」や「重ね言葉」は厳禁(268ページ参照)なので注意しましょう

■親しい人であれば"エピソード"を添える

　結婚祝いのメールには「祝福する気持ち」と「幸せを祈る気持ち」を込めるのがポイントです。とくに相手が上司や先輩の場合は、失礼のないよう丁寧な文章でお祝いの気持ちを伝えましょう。普段から関わりの深い上司や先輩であれば、日頃の感謝の気持ちや、職場でのエピソードを添えるとよいでしょう。

①祝福の言葉を伝える

最初にお祝いの言葉を伝えます。相手との関係性に合わせて「誠におめでとうございます」「心よりお祝い申し上げます」「謹んでお慶び申し上げます」といった言葉を使い分けましょう。

②2人の末永い幸せを祈る

祝福の言葉のあとは、結婚する2人の末永い幸せを祈る言葉を添えるのが一般的です。

③人柄を称える言葉を添える

新郎や新婦が親しい相手であれば、その人柄を称える言葉を盛り込むと、祝福する気持ちがより伝わります。

上司・先輩への 出産のお祝い

出産後すぐのお祝いメールはNG

お子様のご誕生、おめでとうございます。——①

これからは仕事と家事、育児にと忙しい日々を過ごされるか
と思いますが、
どうぞご無理をなさらないようご自愛ください。
またご一緒に仕事をできる日を楽しみにしております。
——②

ささやかではありますが、お祝いの品をお贈りいたします。

ゆきちゃんの健やかなご成長をお祈りしております。

出産のお祝いを伝えるときは、生ま
れた赤ちゃんの幸せや健康、成長な
どを祈るひと言を添えると、温かい
印象になります

■出産のお祝いはしばらく経ってから送る

　出産後、すぐにお祝いメールを送るのはNGです。産後すぐは母子ともに不安定な状態にある場合もあるうえ、何かと立て込んでいる時期に、「返信しないと」などと相手に気をつかわせてしまいます。一般的には、<u>出産のお祝いは産後7日以降から1カ月が過ぎる頃が目安</u>とされています。また、どんなお祝いメールでも「忌み言葉」は避けるべきです。出産祝いの場合はとくに「流れる」「落ちる」「破れる」「薄い」といった、子どもの死や不幸なできごとを連想させる表現は厳禁です。

①子どもの誕生をお祝いする

まずは子どもの誕生をお祝いする言葉を書きます。さほど近しい間柄ではない相手の場合は、「お子様のご誕生を心よりお慶び申し上げます」「このたびのご出産を謹んでお祝い申し上げます」といった、少し硬めの表現のほうが丁寧な印象になります。

②気づかいを示して幸せを祈る言葉を添える

結びでは、出産した相手（または相手の奥さん）への気づかいの言葉を伝えましょう。

取引先への
受賞のお祝い

お祝いの言葉に相手を気づかう一文を添える

このたびは「うどんアワード」において
グランプリを受賞なされたとのこと、
新聞紙上で拝読しました。

私自身、貴社の「朧車うどん」を愛好する一人として
我がことのようにうれしく存じます。
心よりお祝い申し上げます。——①

佐藤様をはじめ、貴社開発部の皆様の努力が実を結んだもの
と感服するばかりです。——②

今後、ますますお忙しくなるかと存じますが、
どうぞご自愛ください。——③

近々、お祝いに参上する所存ですが、
まずはメールにてお祝い申し上げます。

■受賞のお祝いを伝えるときのマナー

　おつき合いのある人の受賞の知らせを聞いたら、なるべく早くお祝いの気持ちを伝えましょう。**基本的には書状で送るのがマナー**ですが、すぐに手配できない場合は、まずはお祝いメールを送り、その後、改めてお祝い状を送付します。受賞の知らせを関係者から直接聞いたのではなく、ニュースや新聞などで知ったという場合は、情報を得た経緯も簡潔に記しておくとよいでしょう。

①お祝いの言葉を伝える

受賞の情報を知った経緯にも触れつつ、まずはお祝いの言葉を伝えましょう。その際、「自分のことのようにうれしい」といったニュアンスのひと言を添えると、気持ちが伝わりやすくなります。

②努力を労り、敬服の念を伝える

相手の努力や苦労を労り、敬服の念を伝える一文を添えるとより効果的です。

③相手の体を気づかうひと言を入れる

受賞後は何かと忙しくなりがちなので、相手の体を気づかう一文も入れるとよいでしょう。

「お祝い」メールの
マナー・常識

▶「忌み言葉」と「重ね言葉」に要注意

　メールに限らず、お祝いを伝えるときに避けるべき言葉の代表格が「忌み言葉」と「重ね言葉」です。とくに結婚祝いとお悔やみでは、この2つの使用は厳禁です。「忌み言葉」とは、「別れる」「終わる」「切れる」など、縁の薄さや縁起の悪さを連想させる言葉のことです。基本的に、お祝いを伝える際に「忌み言葉」の使用は避けるべきですが、とくに結婚祝いでは「忌み言葉」が嫌われるため注意が必要です。

　また、「たびたび」「またまた」など同じ言葉を重ねる表現および、「再び」「また」など繰り返しを連想させる表現を「重ね言葉」と言います。重ね言葉は「結婚を繰り返す」「不幸が続く」といったイメージを想起させるため、結婚祝いやお悔やみ、お見舞いなどを伝える際の使用は避けるのがマナーとされています。

　ちなみに、上司など社内の人に自分の結婚を報告する場合は、メールではなく直接伝えるのがマナー。また、社内結婚であれば、自分だけでなく結婚する相手と2人で報告しましょう。

「忌み言葉」と「重ね言葉」

主な忌み言葉 とくに結婚や出産のお祝いなどでの使用はNG！

・別れる	・離れる	・切る	・壊れる	・破る
・衰える	・終わる	・失う	・出る	・逃げる
・帰る	・戻る	・返す	・絶える	・去る
・消える	・冷える	・遠のく	・流れる	・飽きる
・嫌う	・変わる	・浅い	・薄い	・滅びる
・欠ける	・裂ける	・割る	・無くなる	・苦しむ
・弔う	・葬る	・散る	・枯れる	・朽ちる
・捨てる	・ほどける	・涙	・病	・最後

主な「重ね言葉」 結婚祝いとお悔やみの両方でNG！

・重ねて	・重ね重ね	・また	・またまた
・再び	・再度	・再三	・何度も
・繰り返し	・たびたび	・しばしば	・次々
・くれぐれも	・返す返す	・ますます	・いよいよ
・わざわざ	・ぜひぜひ	・相次いで	・皆々様

ちなみに、"お悔やみ"を伝える場合は「生きる」「存命」「死ぬ」「死亡」といった直接表現も避けるのがマナー。「ご生前[お元気な頃]」「ご逝去[ご永眠／旅立つ]」などの言葉に言い換えましょう

取引先へのお見舞い

相手にプレッシャーを与える表現は避ける

貴社の諏訪様より、土屋様が入院されたと伺い、
突然のことに大変驚いております。

その後、ご病状はいかがでしょうか。
心よりお見舞い申し上げます。

平素より、精力的にお仕事に取り組んでいらっしゃったため、
無理をされていたのではないかと拝察いたしております。
——①

お取引につきましては、諏訪様に引きついでいただき、進行
しております。
ご心配のこととは存じますが、今は療養にご専念ください。
——②

弊社一同、土屋様のご回復を心よりお祈り申し上げます。

※なお、ご返信には及びません。——③

■ お見舞いの気持ちを伝えるのが第一義

お見舞いメールでは、<u>込み入った仕事の話は避けるのがマナー</u>。また、励ますつもりであったとしても、「1日も早く退院してください」「○○様がいらっしゃらないと現場が回りません」などと、相手にプレッシャーを与えるような表現は控えましょう。

①詳しい状況には触れない

病名や病状などの詳細に触れるのは避けましょう。状況を把握するためにも知りたいという気持ちはわかりますが、本人から聞き出そうとするのはマナー違反です。

②業務の話は極力避ける

療養に専念してもらうためにも、業務の話にはあまり触れないほうがよいでしょう。ただし、相手が業務の心配をしていることが予想される場合や、大型案件にかかわっている場合などには、相手の心配を取り除く意味でも、問題なく進んでいることを伝えてあげましょう。

③返信は不要と伝える

今はゆっくり静養してもらいたいという思いや配慮を伝えるためにも、返信は不要である旨を明記しましょう。

上司へのお見舞い

まずは相手の体調に対する気づかいを示す

このたび、栗屋部長が入院されたと聞き、
突然のことに大変驚いております。

その後のお加減はいかがでしょうか。──①

お見舞いに伺おうと思ったのですが、
かえってご迷惑をおかけしてしまうと思い
心ばかりですがお見舞いの品をお送りいたしました。
お納めいただけますと幸いです。

懸念されていた調布市と境港市の案件についても
無事解決いたしましたので、ご安心ください。

今は焦らずご静養いただき、
全快されますよう心よりお祈り申し上げます。──②

なお、返信はお気づかいのないようお願い申し上げます。

■相手に気をつかわせずに励ます方法

入院した上司をすぐに見舞いたい気持ちはわかりますが、かえって気をつかわせてしまう場合があるほか、中には「弱った状態を見られたくない」という人もいます。代替案として、お見舞いメールやお見舞いの品を送ることを検討しましょう。相手に気をつかわせずに励ます方法として有効です。

①まずは体調を気づかう

お見舞いメールを送るときには、まずは相手の体調に対する気づかいを示しましょう。例文のフレーズのほか、「お体の具合はいかがですか」「心よりお見舞い申し上げます」といったフレーズでもよいでしょう。

②病状や仕事のことについて詳しく聞くのはNG

取引先へのお見舞いメールと同様、相手から病状の詳細を聞き出そうとするのはマナー違反。仕事について触れる場合も、相手が安心してゆっくり休めるよう配慮しながら伝えたり、相談したりしましょう。

仕事上のことでどうしても回答が必要な場合以外は、「返信不要」である旨を書き添えましょう

取引先へのお悔やみ

「忌み言葉」や「重ね言葉」を避ける

ご身内にご不幸がおありだったと伺い、大変驚いています。

本来であれば直接お伝えすべきところ、
あいにくご葬儀に伺うことができず申し訳ございません。
略儀ながらメールにてお悔やみ申し上げます。
心から哀悼の意を表します。——①

今はご家族様とごゆっくりお過ごしください。——②

なお、ご返信は不要です。

不幸があると相手にお悔やみのメールがたくさん届くので、送信者が誰なのかがすぐにわかるよう「件名」に会社名と名前を明記しましょう

■メールでお悔やみを伝える際のマナー

　お悔やみの言葉は、葬儀に参列して直接伝えるのが基本ですが、事情でそれができない場合はメールで弔意（ちょうい）を伝えます。ただし、大切な取引先やお世話になっている上司などに対しては、取り急ぎお悔やみメールを送ったあとに、弔電や手紙を送ったり、直接会って哀悼の意を改めて伝えたりしたほうがよいでしょう。

　また、忌み言葉や重ね言葉（268ページ参照）を避けることもお悔やみの基本マナーです。

　お悔やみを伝える際は、弔電（電報）や供花（くげ）、供物（くもつ）などを送るという方法もあります。供花や供物は、担当葬儀社に手配をお願いするのが一般的です。

①メールでお悔やみを伝えることを詫びる

お悔やみの言葉は、本来であれば葬儀や告別式に参列して伝えるべきもの。事情で参列できない場合には、メールで伝えることへのお詫びの言葉を書き添えましょう。

②労りの言葉で結ぶ

お悔やみメールは、相手を労る言葉で結びましょう。返信不要の旨も書き添えておくと親切です。

社内の相手への
お悔やみ

長文を避け、相手を労る言葉で結ぶ

ご母堂のご逝去に際し、謹んでお悔やみ申し上げます。

突然のことで大変かと思いますが、
仕事については営業部全体でカバーいたしますので、
どうかお気になさらず、心ゆくまでご家族との時間をお過ごしください。——①

また、何か私にできることがあれば、
遠慮なくお声がけください。

ご母堂の安らかなご永眠をお祈り申し上げます。

なお、本メールへの返信は不要です。——②

長文のお悔やみメールはマナー違反。
"短く簡潔に"を心がけましょう

■ お悔やみは「メールだけ」で済ませない

　お悔やみを伝える際は、親しい間柄であったとしても
メールを送って終わりにせず、後日、直接お悔やみを伝
えましょう。<u>お悔やみのメールは、伝えたいことがたく
さんあったとしても、相手に負担をかけるような長文は
避けるべき</u>です。まずは弔意を伝え、相手を労る言葉で
結ぶのが基本パターンです。

　社内の人へお悔やみメールを送る際は、「お疲れ様です」
「おはようございます」といった書き出しのあいさつや
時候のあいさつなどは不要です。

①弔意を伝え、励ましの言葉を添える

弔意を伝えたのち、励ましの言葉も書き添えましょう。
お悔やみメールに限らず、遺族に個人の死因を尋ねるの
は失礼にあたるので避けましょう。

②返信を求めない

お見舞いの場合と同様、お悔やみメールでも返信は不要
である旨を伝え、相手になるべく負担をかけないように
しましょう。

「お祝い」「お見舞い」「お悔やみ」を
伝える際のフレーズ

■TPOに合わせて言葉を選ぶことが大切

　祝福やお見舞い、お悔やみのメールが適切であれば、相手を励ますだけでなく、「気配りのできる人」という印象も与えられます。なお、お悔やみのメールを送る際は、<u>故人や相手の宗教や宗派によっては「ご冥福」「成仏」「ご愁傷様」などの仏教用語を使うのはNG</u>なので要注意。また、仏教であっても浄土真宗の場合は「冥福」「霊前」といった言葉は使えません。

▶基本的な「お祝い」のフレーズ

- 誠におめでとうございます。
- 心よりお祝い[お喜び]申し上げます。
- 喜ばしい限りです。
- 謹んでお喜び申し上げます。
- 誠に大慶に存じます。
- このたびは〇〇されたとのこと、誠におめでとうございます。
- このたびは〇〇の由、誠におめでとうございます。

▶基本的な「お見舞い」のフレーズ

- 〇〇とのことで、大変心配しております。
- お加減はいかがでしょうか。ご案じ申し上げております。

- お大事になさってください。
- 心から[謹んで]お見舞い申し上げます。
- 一日も早いご回復をお祈り申し上げます。
- 一日も早く全快されますよう、心よりお祈り申し上げます。
- 無理なさらぬよう、くれぐれもご自愛[ご静養]ください。

▶驚きを伝える「お見舞い」のフレーズ

- 〇〇とお聞きし、大変[ただただ]驚いております。
- 突然のことに耳を疑うばかりです。
- 突然のことに言葉もありません。
- 自分のことのように胸が痛みます。

▶配慮を伝える「お見舞い」のフレーズ

- さぞやご心痛のこととお察しいたします。
- お仕事のことなど何かと気がかりでしょうが～
- どうぞ無理をなさらず、ご療養[ご静養]に専念なさってください。
- お困りのことがございましたら遠慮なくお申しつけください。

▶基本的な「お悔やみ」のフレーズ

- ご逝去を悼み、心からお悔やみ申し上げます。
- 突然の訃報に接し、謹んでお悔やみ申し上げます。
- 突然の訃報に言葉もありません。
- ご身内にご不幸があったと伺い、大変驚いております。
- 〇〇様ご逝去の報に接し、驚いています。
- 心から哀悼の意を表します。
- 安らかなご永眠をお祈りいたします。
- 本当に残念でなりません。

取引先への 異動のあいさつ

感謝を伝えつつしっかりと引き継ぎを行う

急なご報告となり恐縮ですが、4月1日付をもちまして、
営業部よりプロモーション部へ異動することとなりました。

着任以降、大変お世話になりまして、誠にありがとうございました。──①
プロモーション部においても、諏訪様からいただいたアドバイスを糧に全力を尽くしてまいります。

なお、後任は原田が担当させていただきます。

\---

原田政直
電話：000-1111-8888
メール：harada@xxxxxxxxxxxx.co.jp──②

\---

また、4月以降の私の連絡先は以下のとおりです。
（省略）
本来であれば直接ごあいさつに伺うべきところ、
メールでのご報告となりますこと、お詫び申し上げます。

今後とも変わらぬお引き立てのほど、
よろしくお願い申し上げます。

■メールで伝えるときはお詫びの一文を添える

関わりの深い人に対して異動のあいさつをするときは、なるべく直接会って伝えるのがマナーです。メールで伝える場合も、なるべく一斉送信は避けましょう。あいさつすべき人が多すぎるなど、やむを得ず一斉送信で伝える場合は、「本来であれば一人ずつごあいさつするべきところ、一斉送信でのご連絡となりますことをお詫び申し上げます」のようにお詫びの一文を添えましょう。

あいさつ

①感謝の言葉を伝える

業務上の必要事項だけでなく、今までお世話になったことへの感謝の言葉も添えましょう。こうした気配りが、のちの信頼や人脈へとつながっていきます。

②後任担当者の氏名と連絡先を伝える

相手が後任担当者と面識がない、あるいはそれに近い状態の場合には、後任担当者の氏名と連絡先を必ず記載しましょう。

取引先への異動のあいさつは、辞令として確定したのちすぐに行いましょう。社内の場合は1週間から数日前が一般的です

異動のあいさつ
への返信

感謝や応援の気持ちをポジティブに伝える

ご多忙のところ、異動のご連絡をいただき
誠にありがとうございました。——①

約5年の長きにわたり、大変お世話になりました。
とくに猫又型ロボプロジェクトでは、
森様の迅速かつ正確なご対応のおかげで
幾度もピンチを救っていただきました。——②
重ねて御礼申し上げます。

新しい部署におかれましても、
森様の一層のご活躍をお祈りいたします。——③

今後ともご指導ご鞭撻のほど、よろしくお願い申し上げます。

異動のあいさつメールが届いたら、〝あい
さつメール〟への返信であることがひと
目で相手にわかるよう、「件名」を変えず
に送りましょう

■ポジティブな内容や表現を心がける

　お世話になった取引先の担当者から異動のあいさつが送られてきたら、なるべく早めに、必ず返信をしましょう。仕事上で親しくしていた人であれば「残念です」「悲しいです」といった内容の返信をしたくなるかもしれませんが、そうしたネガティブな言いまわしはなるべく避け、感謝や応援を含むポジティブな内容を心がけるようにしましょう。

①最初にお礼を伝える

まずは異動のあいさつメールをいただいたことへのお礼を書きます。

②相手との具体的なエピソードを書く

具体的な思い出話やエピソードを添えると、より感謝の気持ちが伝わります。

③異動先での活躍を祈る言葉を添える

感謝や応援の気持ちを含ませつつ、新天地での活躍を祈る言葉を添えましょう。

社内への
休職のあいさつ

理由が伝えにくければ詳細は省く

私事で恐縮ですが、9月25日(月)より
病気療養のため長期休職することとなりました。——①
職場復帰は11月を予定しております。——②

休職期間中の業務については、
小山田さんに引き継ぎをお願いしておりますので、
ご対応をお願いいたします。——③

皆様にはご迷惑をおかけすることとなり、
大変申し訳ございません。

復職後には皆様にご恩返しができますよう
仕事に取り組んでまいりたいと考えておりますので
どうぞよろしくお願い申し上げます。

お世話になっている人に対してはメールだけで済ませず、なるべく直接あいさつするようにしましょう

■毎日会う人たちにはメールではなく直接伝える

　休職するときは、業務に支障が出ないよう社内の関係者に休職のあいさつとお詫びのメールを送りましょう。毎日会う上司や同僚などへは直接伝え、その他の人たちに対してはメールの一斉送信でも問題ありません。

あいさつ

①休職の理由と休職期間を伝える

休職理由が病気や怪我の場合は、「病気療養」「入院」「一身上の都合」などとし、病名などを詳細に書く必要はありません。その他の伝えにくい理由の場合も同様です。産休や育児休暇が理由の場合は、そのまま伝えましょう。

②復帰する時期を書き添える

具体的な休職期間がわかる場合は明記します。いつ復帰できるかわからない場合は触れなくても問題ありませんが、「復帰の予定はまだ立っておりません」などと書き添えてもよいでしょう。

③誰が後任かを明記する

後任担当者が誰なのかを明記しましょう。大きな会社の場合は連絡先（内線または電話番号、メールアドレス）なども書き添えておくと親切です。

取引先への 休職のあいさつ

取引先への休職のあいさつは丁寧に

このたび、一身上の都合により9月1日より
長期休職することとなりました。

休職期間中の対応につきましては、
佐久間が引き継がせていただきます。

後任担当者：営業部　佐久間栄信
電話：00-9999-9999
メール：h-sakuma@xxxxxxxxx.co.jp———①

なお、復帰の目途が立っておらず
皆様にご迷惑をおかけいたしますこと、
平にお詫び申し上げます。———②

本来ならお伺いして直接ごあいさつ申し上げるべきところ、
メールでのご連絡となり大変恐縮ではございますが、
今後ともよろしくお願い申し上げます。

■感謝だけでなく、お詫びも書き添える

取引先への休職のあいさつは、社内に伝える場合以上の丁寧さが求められます。業務上の連絡はもとより、これまでお世話になったことに感謝し、迷惑をかけることへのお詫びも書き添えましょう。また、<u>取引先に対してはメールだけでなく、なるべく電話でもあいさつやお詫びを伝える</u>ことで、相手は「しっかりと引き継ぎをしてくれている」と感じ、安心できます。

あいさつ

①誰が後任かを伝える

取引先へ後任担当者を伝える場合は、名前だけでなく、連絡先（電話番号・メールアドレス）も伝えましょう。

②お詫びをする

休職によって迷惑をかけてしまうことに対するお詫びの一文を添えます。本来は復帰の目途も記入すべきですが、いつになるかわからない場合は「復帰の目途が立っておらず〜」などと書き添えましょう。

> あいさつもないまま突然休職してしまうと相手が困るだけでなく、自分が復職したときにわだかまりが残る可能性も

取引先への 退職のあいさつ

社外向けと社内向けで送る時期を変える

私事で大変恐縮ですが、一身上の都合により
3月30日をもって退職することになりました。——①
最終出社日は3月21日の予定です。——②

本来であれば直接ごあいさつすべきところ、
メールでのご連絡となりましたこと、お詫び申し上げます。

山本様には、入社当初よりたくさんのことを学ばせていただ
きました。
心より感謝申し上げます。

後任は、同じ部署の河尻が担当させていただきます。
後日、改めて河尻からごあいさつをさせていただきます。

後任担当者：河尻隆
電話：00-9999-9999
メール：t-kawajiri@xxxxxxxxxx.co.jp——③

末筆ながら、貴社のさらなるご発展と山本様のご活躍を
心よりお祈り申し上げます。

■退職のあいさつメールを送る際のマナー

　退職のあいさつメールは、社外向けの場合は2〜3週間前、社内向けの場合は最終出社日に送信するのが一般的。関わりの薄い相手には一斉送信でもOKですが、関わりの深い取引先に対しては、後任担当者と共に直接訪問するのがベター。なお、退職のあいさつメールに転職先の情報や今後の連絡先を書くのはマナー違反です。

あいさつ

①退職理由は細かく書かない

退職のあいさつメールに、退職理由をしっかりと書く必要はありません。「一身上の都合」とするのが一般的です。

②最終出社日を明記する

取引先からの電話や問い合わせなどにしっかり対応できるよう、最終出社日を明記します。取引先に対しては遅くとも2週間前にはメールを送り、問い合わせに対する対応や引き継ぎの期間を設けましょう。

③後任の名前と連絡先を伝える

退職や引き継ぎのあいさつを直接会って行った場合も、データで残るよう、メールでも後任担当者の名前や連絡先を伝えておいたほうがよいでしょう。

退職のあいさつへの返信

相手との思い出を添えると気持ちが伝わる

ご多用のところ退職のごあいさつをいただき
誠にありがとうございます。

長い間お世話になり、誠にありがとうございました。
木下様の丁寧なお仕事ぶりや的確なアドバイスには、
本当に助けられました。――①

木下様が退職されると伺い寂しくありますが、
後任の河尻様にお力添えいただき励んでまいります。――②

木下様のますますのご活躍を心よりお祈りいたします。
くれぐれもお体にはお気をつけください。――③

退職のあいさつメールに返信する
ときは、マナーとして、退職理由や
転職先などあまりプライベートな
ことに触れないようにしましょう

■なるべくその日のうちに返信をする

　一斉送信で退職のあいさつメールが届いた場合には、必ずしも返信する必要はありません。しかし、個別に届いた場合や、一斉送信であっても関係の深い相手から届いた場合には、なるべくその日のうちに返信しましょう。また、相手に感謝の気持ちを伝え、「今後のご活躍をお祈り申し上げます」などと応援のひと言を添えましょう。

あいさつ

①感謝の気持ちを伝え、相手との思い出を添える

まずはメールをくれたことに対する感謝の気持ちを伝え、そのあとに相手との思い出などのエピソードを添えると、より気持ちが伝わります。

②別れを惜しむ気持ちを伝える

大げさにならない程度に、別れを惜しむ気持ちを伝えるとよいでしょう。その際、寂しさや残念さからあまりネガティブな表現にならないよう気をつけましょう。

③応援の言葉を添える

今後の活躍を祈るひと言を添えると、受け取った相手が前向きな気持ちになれます。

「ちょうどいい言いまわし」を意識する

▶ 相手にわかりやすい表現を心がける

　読みやすく、かつ社会人として恥ずかしくない言葉づかいを身につけるためには、「ちょうどいい言いまわし」を意識する必要があります。

　たとえば、「可及的速やかに〜」「変更が不可避な状況のため〜」などと堅苦しい表現を好んで使う人がいますが、こうした表現は読み手にとってわかりにくく、ストレスになる場合もあります。

　「可及的速やか」とは、わかりやすく言うと「なるべく早く」ということですが、それよりも「17時までに」としたほうがわかりやすいうえ、具体的な数字（146ページ参照）も入っているため状況も把握しやすくなります。

わかりやすく言い換える①

▷公算が大きい→可能性が高い

▷不可避な状況→避けられない状況

▷換言すれば→言い換えれば

▷幸甚です→幸いです

▷逐一報告する→そのつど報告する

▷意見の一致を見ました→意見が一致しました
▷消費者たる主婦に→消費者である主婦に

▶「熟語の動詞」の多用はなるべく避ける

「開催する」といった「名詞＋する」という形の表現、つまり「熟語の動詞」の使い方にも、注意が必要です。熟語の動詞は簡潔ではありますが、あまり多用すると堅苦しい印象を与えてしまうからです。以下を参考にして、シチュエーションによっては、やさしい表現に言い換えてもよいでしょう。

わかりやすく言い換える②

▷開催する→開く	▷決定する→決める
▷比較する→比べる	▷入手する→手に入れる
▷接続する→つなぐ	▷確認する→確かめる
▷作成する→作る	▷激励する→励ます
▷低下する→下がる	▷分割する→分ける
▷軽減する→減らす	▷考察する→考える
▷援助する→助ける	▷活用する→使う、活かす
▷行動する→行う	▷着任する→就く、任に当たる

▶ 仕事では「大人の言葉づかい」が求められる

とはいえ、ただ「わかりやすければいい」というわけ

でもありません。仕事上では、「大人の言葉づかい」が求められるからです。

　たとえば、上司や取引先に対して「こちらまで来てください」と伝えたら、相手から「社会人にふさわしい言葉づかいを知らないのかな？」と思われても仕方ありません。こうした場合は、「こちらまでお越しください」「こちらまで足をお運びいただけますと幸いです」などと、社会人にふさわしい表現を選ぶ必要があります。

　中でも、<u>相手に「お願い」をするときは、とくに丁寧な言葉づかいを心がける必要があります</u>。「相手に手間をかけてしまって申し訳ない」という気持ちがあったとしても、言葉づかいが適切でなければ、不躾（ぶしつけ）な印象を与えかねません。

　適切な表現がわからない場合は、以下を参考にして「言い換え」を意識するようにしましょう。

基本的な「言い換え」の例

▷知っています→存じております／（「その人を知っている」という
　意味の場合）存じ上げております
▷わかりました→かしこまりました／承りました／承知いたしま
　した
▷伝えておきます→申し伝えます
▷忘れていました→失念しておりました
▷教えてください→ご教示ください

Chapter 4

正しい「敬語」と「日本語」を意識する

せっかくメールの基本ルールやマナー、相手や状況に応じた書き方などを覚えても、正しい「敬語」や「日本語」が使えないと、「感じのいいメール」にはなりません。基本的なルールを覚えて、メールや会話などでコツコツと実践を積み重ねることで、「正しい敬語」は着実に身につきます

「敬語の基本」のおさらい

敬語の基本は「尊敬語」「謙譲語」「丁寧語」

■「正しい敬語」はビジネスメールの基本

社会人として周囲の人に「しっかりとした人」という印象を与え、信頼を獲得するための基本となるのが「正しい敬語」です。

メールは文字として残るため、会話と同等か、それ以上に「正しい敬語」を意識する必要があります。そして、正しい敬語を使いこなすためには、そもそもの「敬語の基本」を理解しておくことが大切です。

敬語は、その性質によって分類することができ、大きく分けると「尊敬語」「謙譲語」「丁寧語」「丁重語」「美化語」の5種類があります。

ただし、実用的には、これから解説する「尊敬語」「謙譲語」「丁寧語」の3種類をしっかりと理解しておけば、どのような場面でもさほど困ることはありません。

「敬語が苦手」という人は、この3種類のうち「尊敬語」と「謙譲語」の使い分けがうまくできていないことが多いようです。そのため、まずは敬語の基本と大まかな分類を理解し、それぞれの使い分け方を覚えましょう。

尊敬語

　尊敬語は、相手に対する尊敬の気持ちを表す敬語です。敬う人の動作を表す言葉に「お（ご）〜になる」「〜なさる」「〜れる（られる）」などをつけて敬意を表します。たとえば、「会う」の場合は、「お会いになる」「会われる」となりますが、「お会いになられる」は二重敬語になるため間違いです。

動詞の前後を装飾する言いまわし（例）

▶お［ご］〜になる／〜なさる

帰る	→ お帰りになる
利用する	→ ご利用になる
訪問する	→ 訪問なさる

▶〜れる［られる］

帰る	→ 帰られる
利用する	→ 利用される
訪問する	→ 訪問される

▶お［ご］〜くださる［い］

▶〜てくださる［い］

利用する	→ ご利用ください／利用してください
訪問する	→ ご訪問ください／訪問してください

言葉そのものが変わる言いまわし（例）

会う	→ お会いになる・会われる
行く・来る・いる	→ いらっしゃる・おいでになる
行く・来る	→ お越しになる
来る	→ お見えになる・見える
言う	→ おっしゃる
思う	→ 思し召す・お思いになる
する	→ なさる
見る	→ ご覧になる
食べる	→ 召し上がる

謙譲語

　謙譲語は、自分や身内（同じ会社の人、家族など）のことや、その行動などを「お〜する」「申し上げる」などとへりくだった表現にする敬語です。自分の上司や自社の社長であっても、外の人に対しては身内として扱い、「田中が伺います」などと謙譲語を用います。なお、自分側の行為などを丁重に表す「丁重語」も、謙譲語の一種です。

動詞の前後を装飾する言いまわし（例）

▶お[ご]〜する

受ける	→	お受けする
持つ	→	お持ちする
相談する	→	ご相談する

▶お[ご]〜いただく／〜ていただく／〜(さ)せていただく

受ける	→	お受け[受けて]いただく
利用する	→	ご利用[利用して]いただく
相談する	→	相談させていただく

▶言葉そのものが変わる言いまわし

受ける・聞く	→	承る
聞く・行く・尋ねる	→	伺う
言う・話す	→	申し上げる
会う	→	お目にかかる

▶謙譲語の一種「丁重語」の言いまわし

行く・来る	→	まいる
言う・話す	→	申す
知る・思う	→	存じる
する	→	いたす

丁寧語

　丁寧語は、尊敬語や謙譲語と異なり、立場の上下に関係なく丁寧な表現で相手への敬意を表す敬語です。語尾に「です」「ます」「ございます」などをつけることで、会話や文章を丁寧な印象にします。「ごあいさつ」「お酒」など、一般的な名詞に「ご」や「お」などの接頭語をつける「美化語」も丁寧語の一種です。

「です」「ます」「ございます」への言い換え（例）

行く	→	行きます
来年	→	来年です
うれしい	→	うれしゅうございます

> 「です」「ます」の代わりに「ございます」を使って、さらに丁寧にした表現を「特別丁寧体」といいます

丁寧に言い換える言いまわし（例）

今日	→	本日	この間	→	先日
きのう	→	昨日	すぐに	→	ただちに
おととい	→	一昨日（いっさくじつ）	さっき	→	先ほど
あした	→	明日（みょうにち）	あとで	→	後ほど
あさって	→	明後日（みょうごにち）	誰	→	どなた
今年	→	本年	とても	→	誠に
去年	→	昨年	こっち	→	こちら
今	→	ただ今、目下（もっか）			

> 「美化語」の接頭語「お・ご」の使い分けについては、304ページをご参照ください

正しい敬称のつけ方

「敬称」に「敬称」を重ねる「二重敬称」はNG

■「役職名」は「敬称」を兼ねる

メールを送る際に、「敬称」のつけ方を間違えないようにしましょう。とくに多い間違いが、「御中」と並べて「様」や「殿」をつけたり、「部長」などの役職名に「様」や「殿」の敬称を重ねたりする「二重敬称」です。

よくある「二重敬称」の例

✕ (株)テブクロ御中　中条様	→	○ 株式会社テブクロ　中条様
✕ (株)アイヨツ　丸山部長様	→	○ 株式会社アイヨツ　丸山部長
✕ 経営企画広報部各位様	→	○ 経営企画広報部各位
✕ 甘粕部長殿	→	○ 甘粕部長
✕ 本庄マネージャー様	→	○ 本庄マネージャー

上の例のうち、あみかけ部分が二重敬称です。また、宛名を書く際は、取引先の会社名は「(株)」などと略さず書くのが原則です。

ただし、お客様全員に一斉送信するときは、「お客各位」ではなく「お客様各位」と書きます。これは「お客様」という言葉自体が慣用的表現になっているためです。

「内」と「外」の使い分け ✉

「外」には尊敬語、「内」には謙譲語を使う

■「尊敬語」と「謙譲語」の使い分け方

　仕事上でメールや会話を進める際、<u>同じ人物に対して尊敬語と謙譲語を使い分けなければならないケース</u>がしばしばあります。ところが、「尊敬語と謙譲語の使い分けがうまくできない」というビジネスパーソンが少なくありません。この問題を解決するためには、<u>尊敬語を使うべき相手を「外（外部）」、謙譲語を使うべき相手を「内（内部）」と考え、シチュエーションごとに意識すること</u>が肝心です。

　たとえば、自分と上司（長尾部長）の2人で取引先を訪れた場合は、訪問先の社員や顧客（外）を立てて相手には尊敬語を、自分や同行の上司（内）には謙譲語を使います。そして、自分の上司を紹介する際には「部長の長尾です」と呼び捨てにします。

　次に、同じ2人が社内の他部署を訪れた場合には、社外の人と話すときほどではないにしろ他部署（外）の人を敬い、自分と上司（内）を下げて会話します（ただし、自社内の相手に対しては役職名つきで呼ぶことが多い）。

そして自分の部署に戻ったら、部長（外）を「長尾部長」と呼んで尊敬語を使い、自分（内）のことについては謙譲語を使います。このように、<u>シチュエーションに応じて、誰が「内」で誰が「外」なのかを常に意識し、把握しておく</u>と、メールを書く際も、尊敬語と謙譲語を適切に使い分けられるようになります。

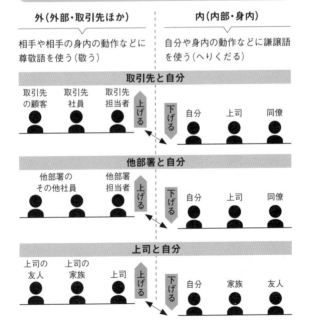

「内」と「外」はシチュエーションで変化する

外（外部・取引先ほか）

相手や相手の身内の動作などに尊敬語を使う（敬う）

内（内部・身内）

自分や身内の動作などに謙譲語を使う（へりくだる）

取引先と自分

取引先の顧客　取引先社員　取引先担当者　　上げる　下げる　自分　上司　同僚

他部署と自分

他部署のその他社員　他部署担当者　　上げる　下げる　自分　上司　同僚

上司と自分

上司の友人　上司の家族　上司　　上げる　下げる　自分　家族　友人

■目上の人に対して使えない敬語

　尊敬語と謙譲語の使い分けを考える際には、あわせて「目上の人には使えない敬語」も意識しましょう。94ページで紹介した「ご苦労さまです」以外にも、目上の人に対して使えない敬語がいくつかあります。以下に、つい使ってしまいがちなNG表現と、その言い換え例をリストアップしたので、しっかりと覚えましょう。

目上の人には使えない表現（例）

✗ 部長なりの意見をお申し出ください。 → ○ 部長の意見をお聞かせください。

▶「なり」「申す」には謙譲の意味があるため、目上の人に対して使うのは失礼。

✗ 感心しました。 → ○ 感銘を受けました。

▶「感心しました」は上から目線で相手を評価しているような印象を与えるのでNG。

✗ なるほど。部長の言うとおりです。 → ○ 部長のおっしゃるとおりです。

▶目上の人に対して「なるほど」という相づちは失礼。「言う」の尊敬語「おっしゃる」を使うべき。

✗ さすがです。 → ○ 頭が下がります。

▶「さすが」は上から目線で相手を評価する印象を与えるため、目上の人に使うのはNG。

✗ 例の件、伺っていますか。 → ○ 例の件、ご存じですか。

▶「伺う」は謙譲語なので、相手に対して使うのは間違い。「知る」の尊敬語「ご存じ」が正解です。

「お」と「ご」の
使い分け

接頭語「お・ご」を正しく使うコツ

■ 尊敬語、謙譲語、美化語につける接頭語のルール

　敬語を使う際には、さまざまな単語に「お・ご」などの接頭語をつけます。

　たとえば、接頭語をつけて尊敬語にする場合は、その行為や状態が「相手のもの」であれば「お・ご」をつけ、「自分のもの」である場合はつけません。

「尊敬」の接頭語

▶相手の行為・状態の場合

✕ 忙しいところ恐縮です。　→　〇 お忙しいところ恐縮です。

▶自分の行為・状態の場合

✕ ぜひ、ご担当させてください　→　〇 ぜひ、担当させてください。

　一方、謙譲語として接頭語をつける場合は、「お送りいたします」「ご返信申し上げます」などと、尊敬語とは逆に〝自分が行為の主体〟である場合に「お・ご」をつけることで、へりくだった言い方になります。

■美化語の「お・ご」のつけ方のルール

　一方、「美化語」（299ページ参照）の場合は相手への敬意を表すためではなく、言葉づかいを上品にする目的で、単語の頭に「お・ご」をつけます。<u>美化語の場合、「お」がつくのは和語（主に訓読みの語）、「ご」がつくのは漢語（主に音読みの語）</u>である場合が多く、「お知らせ」「ご通知」という例でもわかるように、前者は後者より柔らかい印象になります。

　「資料」「書籍」「新聞」「時計」など、慣例的に「お・ご」をつけない言葉もあるので注意しましょう。

「お・ご」をつけて丁寧な言いまわしにする「美化語」

金	→	お金	あいさつ　→　ごあいさつ
天気	→	お天気	結婚　→　ご結婚

言い換え型の「美化語」

めし	→	ご飯	うまい　→　おいしい
水	→	おひや	便所　→　お手洗い

美化語の「お・ご」は、原則として「解雇」「左遷」「更迭」といった悪い意味を持つ言葉や、「パソコン」「スケジュール」「パンフレット」などの外来語にはつけません。ただし、「おトイレ」「おビール」など、まれに外来語に「お」がつく場合もあります

「過剰敬語」を避ける

1つの単語に同じ種類の敬語を重ねるのはNG

■許容されている過剰敬語もあるが基本は重ねない

　<u>1つの単語に対して、同じ種類の敬語を複数使うこと</u>を「過剰敬語（二重敬語）」といいます。

　たとえば、「資料をご覧になられますか」という表現の場合、「見る」を尊敬語の「ご覧になる」に言い換えているため、さらに「なる」を尊敬語の「なられる」に言い換える必要はありません。つまり、<u>「資料をご覧になりますか」</u>が正しい表現です。謙譲語の場合も同様で、たとえば「資料をご拝見します」と言った場合、「拝見」が謙譲語なので、さらに謙譲の「ご」をつける必要はありません。この場合は「資料を拝見します」が正解です。

　ただし、「食べる」を尊敬語の「召し上がる」にし、同じく尊敬語の「お〜になる／お〜ください」とした「お召し上がりになる」「お召し上がりください」といった表現や、「聞く・訪ねる」を謙譲語の「伺う」とし、その前に接頭語の「お」をつけた<u>「お伺いする」</u>といった二重敬語は、<u>本来は間違った表現ですが、慣例として許容されています</u>。

「過剰敬語」の例

✕ お帰りになられる → ○ お帰りになる

▶NG例は尊敬語「お」「れる」の二重使用。

✕ おっしゃられた → ○ おっしゃった

▶NG例は尊敬語「おっしゃる」「れる」の二重使用。

✕ 部長がお見えになられる → ○ 部長がお見えになる

▶NG例は尊敬語「お」「れる」の二重使用。

✕ やらさせていただく → ○ やらせていただく

▶NG例の「さ」は不要（311ページ参照）

✕ ご拝聴する → ○ 拝聴する

▶NG例は謙譲語「ご」「拝聴」の二重使用。

✕ お召し上がりになられる → ○ 召し上がる／△お召し上がりになる

▶NG例は尊敬語「お」「召し上がる」「れる」の三重使用。「お召し上がりになる」は二重敬語ですが慣例として許容されています。

過剰敬語とは別に、「貴社のコピー機が故障なさった」「そちらは雪が降っていらっしゃる」などと、「人（相手）」ではなく「物」や「自然現象」などに敬語を使うのもNG。注意しましょう

「重複表現」と
「言葉の重複」を避ける

同じ意味の言葉の繰り返しを避ける

■「重複表現」に気をつける

「あとで後悔する」「過半数を超える」などと、<u>同じ意味の言葉をムダに繰り返すことを重複表現（重ね言葉、重言）</u>といいます。言葉の意味を深く考えずに使っていると、知らず知らずのうちにこうした重複表現を使ってしまっている場合があるので、注意しましょう。

よくある「重複表現」の例

✕まず最初に	→	○まず／最初に
✕尽力を尽くす	→	○尽力する／尽くす
✕約10分ほど	→	○約10分／10分ほど
✕アメリカに渡米	→	○渡米／アメリカに渡る
✕違和感を感じる	→	○違和を感じる／違和感がある[を覚える／を抱く]
✕形が変形する	→	○変形する／形が変わる
✕日を追うごとに	→	○日を追って／日ごとに
✕そもそもの発端は	→	○そもそもは／発端は
✕すべてを一任する	→	○すべてを任せる／一任する
✕製造メーカー	→	○製造者[製造会社]／メーカー

※ただし、「歌を歌う」「舞を舞う」といった同じ語を重ねないと表現が難しい言葉は許容されています。

■一文の中に同じ意味の言葉を重ねるのはNG

また、「海外旅行をするときは、防犯対策をして旅行してください」などと、**一文中に同じ意味の言葉を重ねて使うと、読み手に稚拙な印象を与えます**。上の例文であれば、「海外旅行をするときは、防犯対策をしてください」で十分に通じるうえ、文章もスッキリします。

以下のように一文中で同じ意味の言葉が重複している場合（あみかけ部分）は、どちらかを省くことを意識しましょう。

同じ意味の言葉は重ねない

✕この旅館は、客室から見える絶景を売りにしている旅館です。
→　〇この旅館は、客室から見える絶景を売りにしています。

✕次回の会議までに調査したい点として、商品Aのユーザー離れの原因を調べます。
→　〇次回の会議までに、商品Aのユーザー離れの原因を調べます。

✕喫緊の課題として、膨張した組織のスリム化が急がれます。
→　〇喫緊の課題は、膨張した組織のスリム化です。

ちなみに、308ページの本文冒頭に書いた2つの「重複表現」は、それぞれ「あとで悔やむ／後悔する」、「過半数に達する」などの言い換えが適切です

「～させていただく」の多用を避ける

「～させていただく」を使用する際のルール

■ 相手に違和感や不快感を与える場合も……

「～させていただきます」という言いまわしは、間違った表現ではありません。しかし最近は、書く必要のないケースで、この表現を使う人が増えているようです。

そもそも「～させていただく」は、「させてもらう」の謙譲語（298ページ参照）であり、「相手の許可を受けたうえで行う」あるいは「そのことで自分自身が恩恵を受ける」場合に使う表現です。たとえば、「本日中にお送りさせていただきます」という表現の場合、状況として「相手に許可を求めなければ失礼」というケースでない限り、「本日中にお送りいたします」と簡潔に書けばよく、"させていただく"などともったいぶった表現にする必要はありません。一方、商品を納品・搬入する場合は、相手の許可が必要なため「明日の午前中に納品させていただきます」と伝えるのは適切です。また、スケジュール変更には相手の「許可」が必要であり、変更により自己都合を了承してもらうという「恩恵」もあるので、「日程を変更させていただきます」も適切な使用例といえます。

■ こんな「させていただく」もNG

　一方、本来であれば相手の許可を得なければいけない
シチュエーションで、「いただいたお見積り内容を変更
させていただきます」などと伝えるのは失礼です。この
場合は、「～変更していただけないでしょうか」などと、
許可を求める表現を使うべきです。また、社外の人に対
して自分や身内（自社）について伝える際に「営業を担
当させていただいております」というのも誤り。営業を
あなたに任せているのは自社であり、その自社（身内）
に敬意を表した表現になってしまうからです。この場合
は「営業を担当しております」で十分です。

■「さ入れ言葉」に要注意！

「化粧室を使わさせていただきます」「明日は休まさせて
いただきます」などと、本来「せる」と書かなければい
けない言葉（五段活用の動詞）に、余計な「さ」を入れ
た「さ入れ言葉」にも注意が必要です。上の例であれば「～
使わせていただきます」「～休ませていただきます」が正
しい表現です。ただし、五段活用を除く動詞には、「させ
る」をつけるのが原則です。たとえば、「受けさせる」「来
させる」「食べさせる」などは正しい表現であり、「さ入
れ言葉」にはあたりません。

「クッション言葉」で
ソフトな印象に

相手への心づかいを示すソフトな表現

■伝えづらいことが伝えやすくなる便利な言葉

「クッション言葉」とは、そのまま伝えるときつい印象になったり、相手に不快感を与えたりしてしまう恐れのある内容を、柔らかく伝えるための「前置き」として添える言葉のことです。とくに「お願い（依頼）」「問い合わせ（質問）」「提案」「お断り」「お詫び」「反論」などの際に用いることで、表現を和らげることができます。

クッション言葉を使うと、相手への遠慮や気づかいが伝わるだけでなく、伝えづらいことが伝えやすくなります。また、クッション言葉はメールだけでなく、対面での会話や手紙など、言葉を使ったあらゆるコミュニケーションにおいても幅広く活用できます。

たくさんあるクッション言葉の中でも、「（お忙しいところ／誠に／大変）申し訳ございませんが〜」は、あらゆるシチュエーションで使える万能のフレーズです。また「（お忙しいところ／誠に／大変）恐れ入りますが／恐縮ですが／お手数ですが／ご面倒をおかけしますが〜」なども使い勝手のいいクッション言葉です。

以下に、左ページにあげた以外のクッション言葉をシチュエーションごとに紹介します

お願い・質問・提案などに使えるクッション言葉

ご多用中かと存じますが〜

つかぬことをお聞きしますが〜

突然のご連絡で恐れ入りますが〜

ご迷惑かとは存じますが〜

(もし)よろしければ〜

厳しいスケジュールの中〜

差し支えなければ〜

ご無理は重々承知しておりますが〜

ご都合のよいとき[お手すきのとき]で結構ですので〜

ご足労をおかけいたしますが〜

ご不明な点がございましたら〜

至らない点も多々あるとは存じますが〜

断り・お詫びに使えるクッション言葉

せっかくではございますが～

あいにくではございますが～

残念ではございますが～　　　大変心苦しいのですが～

大変[誠に]申し上げにくいのですが～

お気持ち[お気づかい]はありがたいのですが～

ありがたいご提案ではございますが～

お役に立てず申し訳ございませんが～

ご期待に添えず心苦しいのですが～

身に余るお言葉ですが～

○○なのはやまやまでございますが～

たびたび申し訳ございませんが～

ご不便をおかけいたしますが～

不勉強で申し訳ございませんが～

反論に使えるクッション言葉

お気持ちは重々承知しておりますが〜

出過ぎたことかもしれませんが〜

おっしゃることはごもっともかと存じますが〜

確かにそのとおりでございますが〜

お言葉を返すようですが〜　　大変不躾ながら〜

失礼とは存じますが〜

私の思い違いかもしれませんが〜

私の勘違いでしたら申し訳ないのですが〜

僭越ではございますが〜

差し出がましいようですが〜

シチュエーションに応じて、臨機
応変にクッション言葉が使える
ようになると、相手からの好意と
信頼を獲得しやすくなります！

専門用語や
カタカナ用語は多用しない

社内でしか通用しない用語の使用はNG

■ わかりにくい用語の使用は誤解を招く

たまに、社内やチーム内で使っている「専門用語」や「カタカナ用語」を、取引先など外部向けのメールに、当たり前のように使っている人がいます。もちろん、相手が同じ業界の人で専門的な知識や用語を共有している場合、あるいは外資系の会社やIT系など専門的な知識や用語を取り入れる必要のある業種や職場の場合は、そうした用語を使用しても問題はありません。

しかし、日本語で十分業務が遂行できる場合は、そうした「わかりにくい言葉」をメール文で多用するのは避けたほうがよいでしょう。相手がその言葉の意味を理解していない場合、正しく内容が伝わらないだけでなく、誤解を招く恐れもあるからです。

■ 相手に通じない可能性のある略語も避ける

とはいえ、ネットなどで調べれば意味がわかる専門用語やカタカナ用語などはまだいいほうかもしれません。

中には「パラで進めていきます（※1）」「オンスケです（※2)」「会議の内容をサマります（※3)」「テレコでお願いします（※4)」などと、元の言葉がわからない略語や専門用語を使う人もいます。

これらの言葉も、調べればおおよその意味はわかります。しかし、略語のため「本当に自分が調べてわかった意味で合っているのか」が確信できない場合もあり、読み手にとっては非常にやっかいです。

こうした専門用語やカタカナ用語、特殊な略語などは、自社内で通用しているからといって、社外でも通用するとは限らないうえ、相手から「面倒くさいヤツ」と思われてしまう可能性すらあります。

もし、相手がわからない可能性がある言葉を使用しなければいけないときは、「表紙はグロスPP（光沢のあるツルツルとしたフィルムコーティング加工です）にいたしました」というように、意味を補足して伝えるようにしましょう。

本文中の「略語」の答え合わせ

※1の意味…同時進行で進めていきます（パラ＝パラレル）

※2の意味…予定通り進んでいます（オンスケ＝オンスケジュール）

※3の意味…会議の内容を要約します（サマる＝サマリー［要約する／まとめる］)

※4の意味…交互（あるいは逆）でお願いします（テレコ＝交互、互い違い、逆、あべこべなどの意)

※「テレコ」は外来語ではなく関西地方の方言で、歌舞伎用語が由来。

不必要なカタカナ用語の乱用は避けるべきですが、知らないと恥をかく場合もあるので、念のため、基本的なカタカナ用語は把握しておきましょう

よく使われるカタカナ用語の例

アグリー	賛成
アサイン	任命する／割り当てる
アジェンダ	計画／予定表
アテンド	案内／接待
イシュー	論点／課題
イニシアチブ	主導権／率先すること
エビデンス	証拠／根拠
オルタナティブ	代案／代替物
オポチュニティ	機会／チャンス
コアコンピタンス	企業の中核となる強み
コミット（コミットメント）	委託／委任／言質／約束／公約／義務／関わり合い
コンセンサス	合意／一致
コンプライアンス	法令遵守／企業倫理の遵守
コンペティター	競合相手
シナジー	相乗効果
ダイバーシティ	多様性／多様な人材の活用
デファクトスタンダード	事実上の標準
ニッチ	隙間（隙間市場／隙間産業）
プライオリティ	優先順位／優先権
ベネフィット	利益／恩恵
ボトルネック	障害（うまくいかない原因）
マネタイズ	収益化
リソース	経営資源（人材、物資、資金など）
ローンチ	ウェブサイトの公開／新製品（サービス）などの公表・発売など

読者限定・音声セミナーをプレゼント

著者が「感じのいいメール」について解説しています。

※QRコードまたは下記アドレスから
アクセスのうえお受け取りください。

https://yamatakuro.com/fx/Aqr64a

STAFF

編集協力	小芝俊亮(小道舎)
イラスト	徳丸ゆう
カバーデザイン	吉村朋子
本文デザイン	森田千秋(Q.design)
DTP	G.B. design House
校正	篠原亮

山口拓朗（やまぐち・たくろう）

伝える力【話す・書く】研究所所長／山口拓朗ライティングサロン主宰。出版社で編集者・記者を務めたのちに独立。27年間で3700件以上の取材・執筆歴がある。現在は執筆や講演を通じて「論理的に伝わる文章の書き方」「売れる文章＆コピーの作り方」「好意と信頼を獲得する文章コミュニケーションの技術」「簡潔に伝わる要約力の伸ばし方」などの実践的なノウハウを提供。セールスライティングやWebライティングも多数手掛ける。北京ほか中国の6大都市で4年間にわたって開催した「SuperWriter養成講座3DAYS」では1000名以上の情報発信者を育成し、50名以上を著者デビューへと導いた。著書は『「うまく言葉にできない」がなくなる 言語化大全』（ダイヤモンド社）、『1％の本質を最速でつかむ「理解力」』（日本実業出版社）、『伝わる文章が「速く」「思い通り」に書ける 87の法則』『伝わるメールが「正しく」「速く」書ける 92の法則』（以上、明日香出版社）、『チャット＆メールの「ムダミス」がなくなるストレスフリー文章術』（KADOKAWA）ほか25冊以上。中国、台湾、韓国など海外でも20冊以上翻訳されている。

「感じのいい」ビジネスメール サクッと書ける大全

2024年2月10日　第1刷発行

著者	山口拓朗
発行者	永岡純一
発行所	株式会社永岡書店
	〒176-8518　東京都練馬区豊玉上1-7-14
	代表☎03（3992）5155　編集☎03（3992）7191
製版	センターメディア
印刷	精文堂印刷
製本	コモンズデザイン・ネットワーク

ISBN978-4-522-45421-3 C0176